SUCCES POESIE

Kari AZRI

Succès poésie

« Fais de ta vie un rêve, et d'un rêve, une réalité »

Antoine De Saint Exupéry

Tous droits réservés Kari AZRI

Table des matières

La foule aux cœurs tendres 13

Le rouge Diable 14

Le chuchotement du Tango... 15

L'ennui... 17

La rose 18

Demain est sourire 19

La cassure 20

Le souffle sous la plume 21

L'œil passionné 22

Mon âme et ma plume 23

Le piano des amoureux 24

Le jazz du violon 25

Un jour de novembre 26

Le fil d'amour du destin 27

Iris... 28

La mort 29

Le damier... 30

La montagne 31

L'enfant 32

La prison de verre 33

Premières nations... 34

La haine 35

Le vent de l'hiver 36

Ma bohémienne	37
L'arrêt stop	38
La plume dans ma bulle	39
Un rendez-vous	40
Les faux espoirs	41
Amour et sans jeu	42
La mer	43
Noir désir	44
Envole-toi	45
Le violon	46
Sous le masque	47
Les lettres amoureuses	48
Mon ami et mon banjo	49
Vos mémoires flanchent	50
ALLO ! Le gouvernement	51
L'envie	53
Une existence illusoire	54
Les valises noires	55
Yes ou No	56
La dame et son fou	57
Le joker	58
Épouse les mots	59
Être ou ne pas être telle est la question	60
Danse avec moi	61

Un regard hypnotique	62
Des âmes à aimer	63
L'amour dans l'air	64
Lettre inattendue	65
Les aveux sous le voile	66
Super lune	67
Paume contre paume	68
Le cordon de l'amour	69
La flute enchantée	70
Paris	71
Un anniversaire en musique	72
Une envie caressante	73
Irrésistible ballade	74
Nos regards croisés	75
L'aigle noir couronné	76
Une foi cachée	77
Viens m'embrasser	78
Un mot ...une histoire	79
Les fleurs et des maux	80
Le dernier requiem	81
Une carte rouge	82
Un ange près de moi	83
La guitare	84
Mon beau capitaine	85

Chante pour moi	86
Un cœur d'hiver	87
Gentleman dragueur	88
L'envol des papillons	89
Un matin de Décembre	90
Le bijou de madame	91
Le pouvoir d'aimer	92
Arrêt sur image	93
L' Amour	94
Les regrets	95
Le triomphe	96
Soleil !	97
La lune et mon cœur	98
Dis-moi que tu m'aimes	99
La source du plaisir	100
Une vie entière	101
Un moment d'intimité	102
Une rose fanée	103
Je veux et j'exige	104
Un cœur silencieux	105
Échec et mat	106
La page blanche	108
Sous la pluie	109
Une danse à deux	110

Un bonjour	111
Un tourbillon	112
Un moment de silence	113
Ho ! si je pouvais ...	114
Mon ami	115
Le rossignol	116
L'imparfait du parfait	117
Monsieur le facteur	118
Un éventail de couleur	119
Mon manège à moi	120
Le racisme	121
Une palette et une vie	122
Lettre à Toi	123
Du rêve à la réalité	124
Mon jardin secret	126
Le cercle	127
Les larmes du Passé	128
Un bouquet de fleurs	129
Deux cœurs en liberté	130
Je voudrais être une étoile	131
L'aiguille du temps	133
A toi ,à moi, à nous	134
Grandeur de l'esprit	135
Le silence de la méditation	136

La gratitude 137
L'attente de l'amour 138
A toi, Mon Consolateur 139
Fenêtre sur cour 140
Attrape cœur 141
Gaïa 142
La roulotte de la vie 143
Voyages 144
Vieillesse 145
Désert 146
Source 147
Cygne noir et blanc 148
Le Voyageur 149
Amoureusement votre 150
La tendresse 151
Ma mère 152
Le retour de l'amour 153
La nuit étoilée 154
Mon bel amour 155
Viens avec moi 157
Amoureux en peine 158
La plume et l'encrier 159
L'Amitié 160
Femmes 161

Rupture 162
Les rêves 163
Noel 164

La foule aux cœurs tendres

Un voyage dans un monde bleu
Ou les langues se transforment en sourires chaleureux

La ronde se danse en foule autour du monde
Des milliers de cœurs se parlent à travers nos ondes

La musique s'écoute en écho d'amour
Aux peuples de couleurs de velours

Un cœur embrassant un visage
Même une statue se réjouie de sa belle âme sage

Des bras soulevant des pieds
Un corps unique,un sang et un esprit sifflant le Ré

Le clair de lune endort tout homme
Le soleil fait briller toute femme
Les étoiles réveillent notre douce flamme

Une population attachante aux rayons de lune
Comme au loin cet anneau de saturne

Le monde tourne rien que pour vous
Aux creux de vos mains le même berceau sans tabou

Le rouge Diable

Derrière le voile de ta clope assassine
Je veux bien être ta nicotine

Mon cœur est pris de jalousie devant ce tube amer
Viens dans mon monde aussi profond que la mer

Ho ! je suis jaloux, ho dieu ! Tes yeux levés au ciel me blessent
Ne consume pas ton poison démoniaque qui me rend fou Je confesse

Prend garde ma chérie ne me souffle pas comme ton nuage noir opaque

Laisse ton exquise esquisse fumée s'envoler dans le zodiaque

Accorde-moi le temps d'une pause sans fumée
Je t'offrirai bien plus que des baisers sur tes pieds

Sous mes poches un paquet avec une longue appréciable
Ma belle démone ne courtise pas le rouge diable

Le chuchotement du Tango

Ho ! quel enchantement, amoureux du tempo
La musique s'écoute avec le corps
Avance vers moi que mes pas te chuchotent des notes
Ton élan de grâce rend fou les Lords
Mon âme ne réfléchit plus dans les airs elle flotte
La caresse de tes pieds me séduit sous la compo

Silence, tes mensonges suent sous ta sensuelle robe
Un langage s'exprime de ta sublime cambrure
Tes courbes dansent comme une aurore boréale
Tes yeux caressent mon visage et tu devines mes murmures
Je te fais tomber à la renverse à ce bal
Ton jeté de jambe me bouleverse ho ! ton parfum m'enrobe

Je respire ton souffle qui me gifle de désirs
Tête contre tête le rythme habite la vibration des gestes
Mon cœur gonfle en extase pour toi tes lèvres l'expriment
Tu tournes autour de moi laisse-moi être ton toréro douce
Céleste
Le spectacle arrive à sa fin les mains dangereusement
s'animent
La musique danse avec ton regard,tes hanches roulent avec
plaisir

Sous mes mains la magie me fait rêver
Jusqu'à la fin des doux amours
Tu me touches aveuglement avec l'esprit
Retiens tes émotions devant le respect du public et en retour
je te Laisse rêver à notre baiser ho ! Je t'en prie

Je suis sous l'ivresse endiablée

A ce bal ton regard m'embrasse
Ma danseuse mesure le souffle de ton âme
Offres moi le plus beau des chuchotements d'un tango
Tu bouges comme une diablesse ma belle dame
Tes yeux boivent les larmes de mon chagrin sans sanglots
Face aux adieux dans cette ronde le coup de foudre s'angoisse

L'ennui

On te prête le nom
De calamité pour compagnon

De chacun d'entre nous ou la potence
Un mal de l'existence

C'est certain parfois un plaisir
Tu es le quotidien sans la lyre

Et l'ivresse devant toi
Le temps se fige devant moi

La pendule s'ennuie même à tes côtés

On t'ignore mais tu es puissant à papillonner
Pas un bruit un silence de mort

Pas un mot même la phrase se couche sans effort
il est vrai que parfois le silence a du bon

La rose

Belle sensuelle et pleine de bénéfices
Tu purifies nos plus beaux édifices

Ton eau délicate nous transporte à tout âge
Au pays du désir et du voyage

Tu t'invites aux noces de Venise
Et pénètres dans notre intimité même sur la Tamise

Tu offres plaisir à nos sens et nos corps
Tes pétales délicates et sensuelles sont un trésor

L'amour devant ta beauté bavarde avec aisance
En complicité du Dieu silence

Nos secrets sont bien gardés
Et nos poètes te saluent afin de t'aborder

Ils s'inspirent de ton symbole de pureté
Les hommes te vouent avec fierté

Un culte à la Saint-Valentin
Pour faire de nous leurs roses entre leurs mains

Demain est sourire

Une joie sourit en merveille
Le sourire remplie de soleil

Tu es beau enfant du monde
tu touches mon cœur et inonde

Mon chagrin, la grasse renait en bonheur
La beauté resplendissante en toi m'illumine des heures

Dans mes journées plutôt sombres
A toi enfant de la vie ne court pas derrière mon ombre

La fraicheur coule en toi
Tout est claire pour moi

J'ai oublié l'innocence au fond de mon âme
Un jour peut-être elle se rallumera cette flamme

Demain sera sourire

La cassure

Do ! Comme une goutte remplie de larmes lourdes
Qui tombent sur une joue enflée comme une gourde

Le doutes en Si s'allongent en force et sans gants
Ho ! Les certitudes se font la malle devant

Cette triste musique pianotée de notes brisées
Et donne le vertige glissant et touche l'âme abimée

Ho ! la vie est comme un arracheur de dent
Et ce piano fait un rappel tout en accusant

Les certitudes fondées non écoutées
Ho ! Le danseur DoRé de cette folle brise

Roulera des épaules pour chasser la tension lâchée
La cassure restera mais les brisures au Sol balayées

Le souffle sous la plume

T'aimer secrètement c'est mon deal
Tes racines me retiennent derrière mon ombre
De la tombe les souvenirs dansent avec style
Le noir poussiéreux se lave des pêchés sombres

Réveille en moi le bonheur du jour
Respire le gout de l'âme endormie
Renaitre le temps d'un songe au cœur lourd
Me plait à tes cotés ho ! que la douceur gémie

La lame tranchante me perce à nouveau
Le retour me parait moins douloureux
Ton oxygène d'un soir à nourri mon berceau
Pour l'éternité un ultime voyage sera plus que beau

Celui de te dire merci une âme à enfin
Trouvé le repos dans cette charmante alcôve
Ton corps chaud à ressuscite une heureuse fin
Le souffle coupé sous ta plume je retourne dans le noir de ton rêve

L'œil passionné

La muse au regard blafard
C'est le désir de la froideur
Attiré face aux noirs de fards
Du metteur en scène tout en sueur

Qu'il ne désespère de séduire
Le photographe a pris le large sous le rire
Ho ! voilà le drame de ses messieurs sous l'œil passionné
Ils frémissent sous l'art de la camera jalousée

La demoiselle obéissante face à la boite noire
Dévoile tous ses charmes et ses déboires
Et la fille en oublie même sa vertu
Fais l'amour à la camera mon chou et tu seras connue

Mon âme et ma plume

Un soir de pleine lune mon âme a fugué
Se cacher derrière le bel astre subjugué

Par mon vol en couleurs et sans faille
Mais ma vie s'est dénudée de toutes fleurs dans cette grisaille

Mon corps s'ennuie de ma belle âme
Même ma plume à fuit mes doigts et ils se desquament

Le voyage est long et mon corps s'endort sans les vers
Comme un arbre sans feuilles en hiver

J'irai chercher mon âme et ma plume
Je cracherai tout feu en moi dans cette brume

Afin d'éclairer le chemin de ma belle âme et qu'elle revienne
J'arracherai tout bitume sous mon pied pour écrire à ma plume sans peine

Le piano des amoureux

Tes douces lèvres dessinent déjà les notes
Elles parcourent lentement à travers mes veines ho ! Elles m'emportent
Le parfum gourmand de ton corps libère une folle musique
Même mes chuchotements se prêtent une allure poétique

Ou l'amour siffle son air amoureux
Glissons ensemble et offre-moi un baiser langoureux
Les marches nous attirent irrésistiblement
Je te découvre et fou de toi certainement

Oh oui ! pianote ma douce la mélodie du bonheur
Souffle moi une merveilleuse partition mon cœur
Tombons une nouvelle fois amoureux sur ce piano
Laisse-moi chanter et juste te séduire à nouveau

Ho ! la roue de l'amour s'est posée sur notre destin
Un merveilleux hasard ou écrit par la main de tous saints
Romantique place ou dansent les voiles d'un bel horizon
Amuse toi de tes doigts fait vibrer mon corps et monte le son

Le jazz du violon

Sur le banc d'un arrêt de bus
Dans cette attente qui cherche le silence
Une foule s'agite dans la course
Et une note légère apaise ma souffrance

Comme une douce senteur de fleur en caresse
Celle-ci a changé ce moment de tristesse
Et se présente enfin une foule en liesse
La musique repousse ce parloir de stress

Les gens timidement se hissent un passage
Dans la ronde du bal aux doux visages
 Un violon frissonne sous la harpe du musicien sage
Le jazz du violon danse la musique du mirage

Un jour de novembre

Ce soir la lune me chuchote une vie
Un plaisir clandestin ne sera puni

L'endormeuse étoile m'ouvre son jardin
Mon astre m'installe délicieusement dans son écrin

Au fond de son brillant et beau clair de lune
Allongée le temps d'une rime je suis un oiseau nocturne

Elle me transporte dans les bras paisibles
De mon merveilleux séducteur aux histoires admirables

Au cœur d'une toile musicale durant une nuitée
Les couleurs d'un soir m'ensorcelle de gaité

Une palette d'argent manipule nos espoirs
Un jour de novembre réveillera ma mémoire

Le fil d'amour du destin

Le septième jour de la semaine
L'amour ardant arriva de sa contrée lointaine

Il s'illumina de mille feux ainsi la magie fut certaine
Son fil de soie rouge mais invisible fit son entrée dans cette ville romaine

Deux âmes élues, leurs cœurs se scellèrent sans se connaître
La porte du sentiment amour s'ouvrit aux pieds de ses être

A quelques pas la puissance tranquille d'un hêtre
L'arbre magique les observa en maitre

En ce début d'automne un parfum subtil s'empara de nos amants solitaires
Leurs consciences s'ouvrirent devant tant de beauté
Une énergie bienfaisante circula en toute liberté
Leur apportant amour, foi et bonheur par ce lien ciel et terre

Iris

Iris plante messagère des dieux
resplendissante aux airs révérencieux

Irrésistible aux senteurs de bonnes nouvelles
sensuelle tu t'offres aux peintres d'aquarelles

Les pétales aux couleurs arc-en-ciel
Les abeilles te convoitent pour leur miel

La royauté t'a révélé comme fleur de lys
Et désirée par les dames comme une pelisse

La mort

Libération de l'étoile de l'âme
A tes cotés le vivant pleure, conte lui ton plaisir
Merveilleux passage d'une dimension de lumière et de joie
Oublie tes peurs, ton corps d'antan et ses larmes
Face à tant d'épanouissement au couleur parme
Retrouve la naissance de ton sourire

Timide et attiré ton regard s'éblouit d'émoi
Une invitation à la joie et la paix sont à saisir au calme
Ton contentement est beau comme un épithalame
Ta peine disparait progressivement au son de la lyre
L'ardeur de cet amour est incomparable, c'est ta foi

Le trépas prend fin, adieu les drames
Le soleil illumine ses lois
La vie n'était que fumée de myrrhe
La vie s'essouffle et la mort s'envole, tu le crois
La mort du ciel ressuscite la femme
Une étoile est née aussi légère que le Zéphyr

Le damier

Je tourne et tourne comme les aiguilles d'une horloge
Je retombe à la case sans merveilles dans mes loges
Un jour blanche mais elle fond comme neige au soleil
Un jour noire comme mes pensées obscures sous les deuils

Peu importe où je marche la route vide d'esplanade
Barrée comme une sale vie sous ses embuscades
La réflexion n'est pas au beau fixe
La vie enchaine misères, peurs et de sanglantes rixes

J'erre devant des passages interdits au long mur
Derrière des visages se méfiant de leurs semblables aux regards durs
Plus rien n'a de sens dans ce grand échiquier
Case noire ou blanche les deux sont un échec dans ce monde entier

La montagne

Ton sommet appelle les animaux
Les hommes veulent être des oiseaux
Pour respirer ton oxygène
Pour un plaisir sans gêne

La fleur d'edelweiss est fidèle
Comme une épouse éternelle
La nature t'habille pour les quatre saisons
L'hiver te couvre de son oraison

Et de nuages de cotons
Le printemps te réveille avec ses bourgeons
L'automne emprunte tes couloirs
Pour abriter les moutons du soir

L'été te réchauffe avec ses douceurs
Et ses beaux pâturages aux mille couleurs
Le ciel fait de toi un admirateur
Vous partagez un discours révélateur

Les tablettes ont vu le jour
Pour nous adorateurs pour toujours
Tu es une pierre précieuse adulée
Dans nos cœurs remplis d'humilité

L'enfant

Petite fille joyeuse garde ton innocence
Ne grandit pas trop vite profite de cette mélodie
De ces instants bonheurs intenses
Que j'ai oublié au fil du temps moi j'ai vieilli
Dans ton regard j'arrive à atteindre ton monde
Un instant magique A quoi penses-tu ?
Petite fille au corps fragile dans ta ronde
A quoi rêves-tu ?
Petite enfant au grand cœur
Quel bonheur ton sourire vit ton voyage
Ma vie est un séisme en ces heures
Où tout s'écroule autour de moi sous cette rage
Ton regard noir intense me fixe avec douceur
Et étonnement que lis-tu en moi ce matin ?
Que ressens-tu dis-moi qui suis-je sous cette lueur
Tu ne verras que tristesse et chagrin
Ta vie est rose et pleine de tendresse
Ma vie est si dure et inondée d'angoisses
Laisses-moi entrer dans ton royaume féerique
Rempli d'espoir ,ma vie n'est qu'illusion utopique
Ma vie est une bulle et l'air
Devient absent dans cette aire
Tes cheveux couleur ébène flottent
Son doux parfum d'ange, vole vers moi mon hôte
Ouvre moi la porte des rêves
Pour me souvenir... sur cette grève

La prison de verre

Le silence rode dans la pièce
Amour et haine en fusion
Regard soupçonneux en stress
Irrésistible attraction en confusion
Soumission majeure
Noyade sous les promesses
Élever le ton en empereur
Violence colérique sans cesse
Embellie par bijoux
Et cadeaux à répétitions
Rendez-vous en enfer
Dans le délire en infusion
Ou les blessures sont en pleure
Retour à la souffrance
Dans le tourbillon de l'ivresse
Supplice face à l'humiliation
Dans une prison de verre en demeure

*Hommage pour les femmes battues

Premières nations

Peuples aux Cœur indien
Rêveurs et pacifistes chiliens

En couleurs et perles précieuses
Mon corps danse en joie cérémonieuse

Indigènes aux recettes magiques
Élevés aux pays féériques

Hommes de guerre traversant les rocheuses
Révoltes et pensées coléreuses
Enragés et affamés tes joues sont creuses

Nations en feu et en sang
Sur le chemin ton histoire se lit en chant

Amazonie ta nature vit en nous aimante
Terre promise accueillante

Inde voyage des explorateurs et mirage en mer
Oublie ton erreur amère

Native American est ton nom en vogue
Sur le fleuve navigue la liberté en pirogue

La haine

La haine dégainant à toute vitesse sa violence
Aux cités oubliées dans notre conscience

Habitants des hautes barres
Aux inquiétudes guidant aux cauchemars

Invitant les blessures aux senteurs de deuils
Nouvelles noires et oppositions animées sur un fauteuil

Émeutes enragées aux armes de vengeance
Ta couleur sanguine coule en puissance

La fièvre présente son canon devant les hangars,
L'impertinence se déclare star

Le monde est à nous tel est son accueil
Réveille- toi souviens- toi de tes songes à outrance

Tes rêves se dansent en Street dance
Et ta douleur chante des mots sans arrogance

Le vent de l'hiver

L'amour s'endort durant la peine froide
J'oublierai le silence des paroles dans ce vide

Mon âme se meurt sans ta présence et pour toujours
Ma main tremble sous les troubles émotions en ces jours

La tristesse s'est emparée de ma vie depuis ton absence
La harpe du vent de l'hiver balaye tous mes mots qui se glacent

Le temps me parle de désillusions toutes les nuits
Mais je ne suis pas fou j'y crois encore ton odeur me suit
Toutes ses lettres que j'ai écrite à l'odeur d'ambre
Attendent l'espoir d'être lu et je vis derrière mon ombre

Un jour la lumière te ramènera à moi et sans timbre
J'aime cette idée de te revoir et me réchauffer dans tes bras sous ce froid de novembre

Ma bohémienne

La belle diseuse de bonne aventure
Au visage triste et mélancolique
Bohème est ta culture
Originelle et romantique

Haute bourgeoisie est une droiture
Ma bohémienne toi irréel et ironique
Mœurs douteuses et aux blessures
Insouciante et fragile à la vie tragique

Elle est libre sous sa belle cambrure
Nulle ne doutera de ta foi lyrique
Noyer sous tes dentelles et tes coutures

En route vers ta pensée libre et épique
Une vie de passage sans dictature
A faire rougir la charité devant ton public

L'arrêt stop

Un arc en ciel dans mon cœur
Se dessine dans cet ascenseur

J'écrirai notre vie en évitant le point final
Cette cage mémorise tous les boutons du péché originel

Sur lequel l'arrêt stop à connu le plaisir qui presse
Sous le charme la grande hardiesse dépasse le stress

Un carnet de voyage sous chaque bouton son escale
Notre parcourt vivra au-delà de saturne sous un air musical

La température monte sans arrêt sous les minutes qui tournent
Lentement tes mains ont parcouru l'interdit et le corps s'abandonne

Un ascenseur émotionnel je connais mais sans sonnerie
Un jour mon fantasme montera à cet étage en poésie

La plume dans ma bulle

Dans ma bulle je suis en confiance
Les images défilent en permanence
Tout en rêvant à ta prochaine présence
Connecte toi à ma douce fréquence

La plume en secret visite mes rêves
De son nectar naitra tes mots cités sur la grève

Juste avant que la mer ne se lève et envahit tes échos
A travers ce rond transparent je vois un corps à corps sans caraco

Ho mon ange observe la bulle
Elle te dévoilera mon profond sous la canicule

Amour de ma vie regarde avec clarté
Je t'ai soufflé un paradis sans m'attardé

Ho ! Reviens vite la magie
Ne pourra me résister je ne me suis pas assagie

De notre essence une foule de pensées
S'agitent et sans toi tout risque bien d'éclater

Un rendez-vous

Un jour de décembre un rendez-vous fut pris
Le temps s'est arrêté devant ton regard exquis
Ma main tremblante réchauffée sous ton manteau gris

Sous le cheval de cette statue mon cœur s'est épanoui
Le coup de foudre éclata sur nous sans bruit
Nous marchions main dans la main sous la pluie

Ce matin-là j'ai rencontré l'amour sans le savoir
Lentement ton visage se tourna vers moi et sans prévoir
Sur ma rouge bouche tu as déposé la plus belle phrase
à ce soir

Les faux espoirs

Chaque jour défile comme ton au revoir
Tu t'éloignes de mes yeux noirs
Tu m'as oublié comme tes mots doux sur le comptoir

Je navigue seule en mer avec ton écriteau
Les souvenirs se troublent comme l'eau
Je ne sais plus dessiner ton visage au pinceau

Même si tu revenais je ne sais que dire
Malgré mes blessures je vais faiblir
Ton amour m'emprisonne mais je veux t'appartenir

Ne me donne pas de faux espoirs
C'est une torture que je panse avec la mer mon boudoir
Ne me tourne plus le dos je me perdrai dans le désespoir

L'amour est comme ses fleurs il se fane rapidement
Je veux bien te prendre dans mes bras tendrement
Mais tu es déjà loin bizarrement

Amour et sans jeu

Pas de jeu et pas de peine
Je ne suis pas remplie de haine
Laisse ton égo courir sur la plaine

L'amour ne supporte pas ton humour
Remplace ta froideur en chaleur de velours
Aime-toi à travers moi oubli le chagrin lourd

Les caresses ne font pas de tord
Je te désir mais tes sentiments courent au nord
Tant pis pour toi le silence te ronge au coin du port

Aime-moi je suis à toi je ne joue pas
Et si tu es en colère je m'en fou déjà
La plaine m'a chuchoté ton triste état

Ne me supplie pas ton amour pleure
Moi je te veux et j'en suis fou à cette heure

Reviens ma douce les larmes touchent ton cœur
Moi je joue contre moi sauve moi je ne suis que charmeur

La mer

Explorateurs au cœur océan
Qui partagent le fond du grand bleu
Avec les merveilles du profond
Glorifient la mer nourricière en chanson
Avec les sublimes et ensorceleuses voix
Des chants des sirènes sur leurs voies
Plongeurs de toutes nations amoureux de cet abîme
Aux eaux couleurs émeraude exprime le maritime
A la recherche de l'Atlantide
L'horizon épouse le ciel divin insipide
Qui offre le plaisir des couleurs changeantes
Avec cette immensité de paix abondante
Et fait la jouissance de nos marins
En quête de l'appel du phare aux milles étoiles afin
Que nos navigateurs rêveurs de cartes aux trésors
Sillonnent de long en large et de tous ports
Cette étendue plate d'océan scintillante aux éclats de diamants
Les vagues caressent leurs voiliers avec douceur et légèreté évoquant
Les mystères ainsi les plongent dans un sommeil
Sur les traces du Santa Maria sous le soleil
Avec les salutations de Christophe Colomb

Noir désir

Comme les chuchotements aux creux de l'oreille
Qui révèlent les fantasmes de lèvres couleur groseille

Ta complicité avec l'aiguille de ton talon
Affola mes sens dans une aventure qui en dit long

Comme de ton esprit la fumée traversa déjà
Le jeu excitant au plaisir qui se partagea

Un lâcher prise se négocia en folle caresse
La tentation se la joua au noir sensuel et libère la déesse

Comme l'automne fit tombé les feuilles
Tu fus comme le vent libre qui souffle

Sans retenue et imprévisible en doux zéphyr
Et la pipe fumante causa sous ce noir désir

Envole-toi

Sur le fond d'une musique aux douces mélodies
Un aigle majestueux vint se poser en ami

De son cri de joie je l observa et l'invita au duo
Dans cette magnifique et luxuriante foret la note vole haut

La chevelure noir ébène flotte et se laisse
Emporter par la pluie chaude des sources en caresse

Ta musique envoutante danse et me transporte tel un condor
Dans le merveilleux au milieu des cités d'or

Dans ta gestuelle au large tu m'émerveille tu salues ciel et soleil
Et que la lune te rend grâce à ton sommeil

De ton art majestueux l'accueil de la nature
Te récompense de sa fraicheur et de toi elle s'enivre
Maintenant l'aigle s'envole

Le violon

Tu nous séduis avec ton corps volute
Tes courbes aux senteurs de bois couleur d'ébène dansante
Ton archet vibre à ton contact en passion
Il suffit d'une caresse légère en association
Qui glisse en douceur sur les fils de soie
Et ta musique nous emporte aux portes de l'espoir sans sursoie
Nos sens s'éveillent tu offres un sourire
Au peuple en mal de vivre
Tu fais danser nos grandes dames
Sur les romantiques valses de Vienne sous les dômes
Nos oreilles s'ouvrent comme une fleur en éclosion
Devant un arc en ciel de notes blanches et noires dans l'action
Qui s'élèvent en puissance et en couleurs
Tu fais voler les mains qui suivent le mouvement en cœur
De ton prélude prénuptial sous les êtres
Avec sensualité et finesse ta musique pénètre
Dans nos corps et circule dans nos veines
Alors un frisson s'empare de nous sans peine
Tu as su nous émerveiller dans ce wagon
Sur la route de la découverte des bleus lagons
Nos sens se perdent encore et au bout
Devant une telle magie ta musique vit encore en nous

Sous le masque

Les nuits fauves de ma vie
S'expriment sans frontière en toute frénésie

Mon nom d'emprunt s'habille en masque
Pour exalter la beauté sous mon esprit fantasque

L'anonymat est ma secrète défense pour jouir des vérités enfouies
Je pense en équilibre entre les hanches et épanouie

Le vertige du jour me joue des tours
La veille ou ce matin était-ce un songe dans cette cour

Et si je m'en souviens ce n'est pas un problème
Ma plume effacera le délire d'un soir d'une bohème

Le drame se bouscula sans histoire avec un soupçon de chantage
Et la chute figeât un double jeu sous un trouble visage

Les lettres amoureuses

Ton amour parle dans mon cœur
Les papillons me le font savoir à toutes heures
Quand je pense à toi en caresse de velours
Je vole dans tes bras et je vois la vie en glamour

La vie nous éloigne mais nos âmes sont enlacées
Si je te manque un peu touche moi dans tes pensées
T'aimer sous le ciel les nuages voyagent avec ton parfum
Les sentiments s'enracinent pour demain

Serre- moi plus fort et sans abstinence
Corps contre corps ne sera qu'absence
L'horizon se dessine et nos voix en conférence
Les lettres amoureuses suivront c'est une évidence

Au bord de la mer la douceur de mes mots
Traverseront en douces vagues et sans maux
Et dans tous ports les papillons chercheront ton ombre
Mon amour te couvrira de ma chaleur dans la nuit sombre

Mon ami et mon banjo

Dans mon ranch aux couleurs d'automne
Vient me souffler la plus douce des hymnes

Mon ami de toujours me joue les notes
A sa manière il aboie joie et bonheur du haut de ses pattes

Nos ballades en pleine nature ressourcent notre plaisir
La simplicité d'aimer et ensemble se blottir

Dans ce merveilleux chant d'amitié entre moi et mon chien
Les gens rêvassent en douceur sans noirs nuages aux quotidiens

Une vision qui sème les graines d'amours pour les animaux
Ho ! mon chien ta compagnie illumine mes journées sans mots

Nos jeux couronnés de complicités me réjouissent
Ta fidélité exemplaire est le beau témoignage à ma frimousse

Vos mémoires flanchent

Comment s'appellera mon futur président
Les surnoms défilent déjà sous les dents
ho! pardon la moquerie est votre fort
Messieurs ou peut-être et surement Madame en alligator
c'est le drame dans vos foyers ou dirais-je l'asphyxie
Sortez de vos complets noirs et oser plonger dans ma vie
Distribuez vos salaires nos valises noires sont vides sous votre art
Vos coiffeurs et montres ma plume les couvrira bien sous son buvard
Vos mémoires flanchent mais où est l'augmentation
Combien coute une baguette? ho! Vous n'en savez rien Ce n'est votre ambition
Vous êtes en haut vol sous les moutons désespérés
Allons ensemble voir si vous pouvez vivre sous mon pauvre Ré
La souffrance, la faim que restera de votre âme
Mon cher politicien que fera -tu demain dans ce drame
Votre dialogue m'exaspère tout est une fois de plus mensonges
Et si personne ne votera demain dans mon songe

ALLO ! Le gouvernement

De vous à moi je me fiche de vous
Mon plaisir est le titre suprême et vous dans un trou
Depuis mon enfance je rêve de ce poste qui sans moi dort
Pour la gloire et la fortune la traitrise c'est mon fort
Mais sans le crier à tous les ports

Alors suivez- moi

Aimez-moi votez pour moi je vous rendrai fou
Et vous boufferez les cailloux

Les routes couteront moins cher

Moi je ne vis que pour le pouvoir les sentiments au placard comme hier
En confidence entre nous je suis contre vous et en avant-première

Alors suivez-moi

Moi je me fiche de vous la preuve on vous tue chaque jour
Vous êtes trop nombreux sur cette planète faut bien mourir un jour

Mais le temps joue contre nous maintenant Et si vous n'êtes pas d'accord même en criant

On vous écoute tout en vous oubliant

Alors suivez-moi

Mais votez pour moi cela me facilitera la tâche
Pour vous mettre au cachot sans suite et en lâche
Vous êtes alarmez mais pas moi je me fiche de vous et servi
Préparez-vous à combattre contre vous mon cœur ne sera que ravi

Le temps du trône presse aimez moi et n'oubliez pas je me fiche de votre avis

Alors suivez -moi

Mais de vous à moi ce n'est pas moi c'est eux mais je les soutiens
Confidence en toute amitié vous êtes rien

L'envie

Ho ! ciel comment vais-je gérer cette histoire ?
Ne me regarde pas comme ça ma belle c'est évocatoire

Je fantasme sur une chose que tu n'oseras me donner
A moins qu'en somme on se mette en accord sans s'allumer

Excusez excusez ma délicatesse
Mon corps en serai ravie ho ! oui en liesse

L'audace avec moi se mesure en courage
Dangereuse tentative mais l'envie se permet le déshabillage

Ho ! Ne me chante pas tes délires de jalousie
Ton homme me fou le cafard ma jolie atterrie

Je suis en repérage et en toi une chose me séduit
Ne me dévisage pas
Offre-moi juste ta robe noire et je te suis

Une existence illusoire

Hier soir j'ai pleuré face à ma lune
Mais mon amie a versé sa larme

Je ne valais pas une prune

La marée m'a couverte de mon désespoir
Toute ma vie se noie dans une existence illusoire

Tous les regrets défilent en étoiles
L'amour perdu se tend en voile

Les amitiés se dessinent en arcs en ciel
Ma plume de son encre fini sa course c'est officiel

Les valises noires

Notre défenseur aux langues perdues
A usé de discours charmés et s'est mis dans de beaux draps
nu

Derrière mon petit doigt m'a dit sous un fond de mesquineries
La fin a sonné pour le petit roi aux valises noires qui sourit

S'en est fini du Karcher abandonné sous la foule
La place restera rouge immaculée de mensonges en rafale

Le prochain est déjà fou tant pis pour vous et joue contre vous
En balade de ville en ville le désespoir bouffe tout

La fumisterie grandie sous d'autres paroles masquées
Viendra empoisonner vos derniers jours comptés

D'autres valises noires circuleront sous votre regard
L'autorité est née sous le pouvoir du vol sous les mêmes phares

Yes ou No

Je perds la tête la poésie est le refuge de ma liberté
Le noir et Blanc sont ma défense bien armée

Dans le long parcours de l'amour en coulisse
La couleur s'est perdue sous ma rouge pelisse

Ne vous moquez pas la naïveté peut frapper par derrière
même sur vous
L'amour ne me supporte pas il me fuie sous

L'incompréhension des ailes coupées en plein vol
La tempête a sonné à ma porte et a dérobé la croyance du symbole
Les mots fusent devant un semblant d'espoir
D'un tour de main mon cœur se trouve sur le fil du rasoir

Ou dans le silence la croyance de mon âme
En cachette elle se dessine une vie de rêve sans lames
Je suis indomptable l'amour cavale sans moi
Le risque subsiste toujours je suis en mal de toi

Pauvre de moi je suis en questionnement te concernant
Le oui non glisse en continue et je souris en l'acceptant

La dame et son fou

Le jeu de croqueuse est ma vie
A chaque pas je vais t'attendre avec envie

J'enverrai valser les pions de ma vue
Juste pour t avoir à l'œil sans entrevue

La nuit le rôdeur fou passe sans bruit
Mon cavalier s'enfuie sous ton ennui

Dame noire ou blanche tu n'hallucines point
Je descendrai aux enfers te chercher à tous les coins

Je serais dans ma tour armée de patience et de katana
Alors Juste un détail ne joue pas de mon amour le trône mourra

Ma rage sera impitoyable et t'anéantira en un seule coup
Descend de ta tour le noir te va si bien mon roi fou

Le joker

La nuit ou à l'aurore on s'en fou
Le détail importe peu mais reste flou

Autour de moi la carte est un mensonge appliqué
Moi je n'ai rien à perdre j'ai tout oublié

Confidence de vous à moi
Le jeu c'est mon affaire sous mon toit

Et vous fou de moi vous perdez votre chemise
Sur le tapis je joue sans que je culpabilise

Taisez-vous ! vous êtes à mes pieds
L'amour n'est pas mon jeu soyez vigilent priez

Évitez de faiblir moi les dieux je les invoque
Les caresses sont au menu sous toutes les arnaques

Cette folie n'est pas pour votre âme
Si vous n'approuvez pas les règles je suis pas votre dame

Je ne vais pas suppliez et tant pis pour vous c'est un poker
Moi je joue et confidence je vous offre mon joker

Épouse les mots

Dans quelle vie suis-je ?
Le va et vient est le nouveau verge

Rien ne va plus dans ce globe
Pardonnez pardonnez le malin il est en gobe

Il a frappé fort dans les villages
Les corps d'argiles parlent en rage

Le ciel observe la désinvolture
La poussière bouffée tache la droiture

Pardonnez pardonnez les mots épousés
La mémoire se perd dans la clarté

Du sombre obscure des phrases
Oubliées dans les esprits sages en phase

Ce matin j'ai vu la prochaine lune
Elle chuchotera le nouvel ordre

Le soir dans ton drame elle te figera dans la falune
Si tes mots ne chantent pas sa gloire et sans gindre

Être ou ne pas être telle est la question

L'amour est universelle
Vivre notre joie est essentiel

Notre présent est précieux
Maintenant est notre lumière des cieux

Notre liberté est à choisir
les chaines sont à bannir

Le paraitre est tentation
Rester nous-même la qualité est acceptation

Être ou ne pas être
La difficulté est le paraitre

L'abandon de soi pour la société
Plaire est notre peur agité

La mort nous intimide
Restons vivant le présent est notre monde

Telle est la question

Danse avec moi

Étrangement sous le voile de la fougue
Par erreur le destin nous a croisé sous cette douce vague
Ho ! Ma merveilleuse accorde ta complaisance et montre-moi
Tes merveilleuses douceurs juste une dernière fois
Ta finesse est au-dessus de ton élégance
Laisse les pas te guider aux prestiges sous ta prestance
Des portes secrètes jalousement gardées emballeront ton décolleté
Ho ! Ta timidité rougie de toi viens ma douce chercher les clefs
Mon trésor tes perles de cultures
enchantent mon désir brulant même sous ta droiture
Amour de ma vie la merveilleuse perle réside en toi
Hum ! Laisse-m'en jouer de mes doigts
Ce jeu de danse te mènera à un conte aussi
En une infini pause qui ne compte que Si
Tu voulais bien que tes perles finissent au Sol
Je te causerai volontiers de bijoux Do REs au vol
Ho ! ma belle ose la porte des chuchotements
Je te couvrirai de baisers surement et lentement
Brave les interdits pudiques et devient la perle nue
Avant que le rêve finisse c'est mon désir des plus attendu

Un regard hypnotique

Dans le couloir enchanté de mes rêves derrière regards cachés des sages
Arbres et nature se prosternent sur ton passage
Je te ferais visiter le labyrinthe de mes ardeurs
Tout en respectant ta fleur les violons chanteront en cœur
Implorer le ciel juste pour une goutte de frisson
Ta main caressante me transperce
 Ho dieu ! ta traine noire m'enveloppe en calisson
Reste avec moi transpirons ensembles juste un instant
Pour emporter avec moi ce merveilleux parfum
Tu es la fleur parfaite que je n'oserai cueillir
Ta beauté ne se coupe pas tu mourrais et mon cœur durcir
Mumm ! Je t'enduirai de tous mes sens afin de nourrir cet amour
Ho ! Bouge pas je voudrais immortaliser cet instant de velours
ho Ma douce ! Je te ferai danser comme un papillon
En noce florale juste toi et moi en chanson
Laissons les mensonges affronter la réalité
La dualité sensuelle ouvrira le bal ho ma bien aimé
Les portes se sont ouverte et la magie aussi
Les violons attendent, l'archet vole en Si
Au pays des rêves, bouscule moi encore mademoiselle
Un regard hypnotique et je me sens déjà pousser des ailes

Des âmes à aimer

Sur votre chemin levez la tête
Des âmes à aimer vous tendent les mains en fête
Faites tomber les armes et le poison
Enterrez les sources aux tristes larmes en confusions
Les sans visages seront en perditions totale
Ils sont déjà en échec par votre foi sans égal
Ne nourrissez pas leurs haines
Ne leurs offrez pas votre âmes en peine
La leur est perdue et ils le savent ces vautours
Ils ne vénèrent pas le même fruit d'amour
Vous êtes les cœurs aimant de cet univers
Tournez de vos ailes et chassez les treize vipères
Ils salissent votre terre d'accueil
Ils ne possèdent rien, le paradis l'a signé dans leur œil
Vous êtes la richesses de ce globe
Le même sang rouge couleur de vie
Coule en couleur sur chacun de vous
votre âme pleure et les vautours chantent debout
Effacer toute amertume d'une graine pourrie
Ouvrez vos vannes de gratitudes et arroser la noirceur blanchie
Cette l'abondance autour de vous en broderie
Le ciel vous abritent et vous nourris
Aimez sa terre et ses hôtes avec honneur et respect
j'observe cette farandole d'arc en ciel tout amour et en ballet
Je suis déjà au paradis avec ma plume
Et nous vous enveloppons d'amour dans mon royaume

L'amour dans l'air

Une amitié a côtoyé pas à pas les tourments de mon cœur
Ho ! Dieu que tu es belle au charme envouteur

Un instant près de toi le ressourcement prend de l'envol
Tu es l'inspiration d'un chant de colombes en plein vol

Ho ! la paix répand un doux son dans mon âme
Par ton souffle je ressens ta générosité et je le clame

Une abondance en corne remplie de miel et de senteurs florales
Ho ma déesse je me damnerai pour un amour aussi doux qu'une pétale

Ho ma chère amie je bâtirai un cœur de diamant autour de toi
Au diable ! les autres prétendants je me perds en hors la loi

Je balayerai tous chagrins et peurs qui entraveraient notre chemin
Chevalier au cœur vaillant je volerai pour un baiser sans fin

Lettre inattendue

La discrétion t'habilles et le plaisir frôle le frisson
Un amour dissimulé ne me réjouit point oses le profond

Plus intense pour me libérer de cette angoisse
A tout jamais mon cœur pleure dans la paroisse

Dans mon boudoir je réveille ton sentiment mon amour
Les couleurs de mon âme se ternissent et manquent de velours

Tes baiser sucrés se retiennent et comme la rose je me fane
Aimes moi encore plus fort car je deviens terne

Offre-moi la vie en couleurs juste une nuit
Dans le plus bel endroit de mes souvenirs évanouis

Ressuscite donc mon être en perdition avec des fleurs
Une abondance de fruits et chandeliers s'imposent joue avec ardeur

Un instant de rêve avec passion dans mon quotidien
Fais-moi danser toute la soirée bel italien

Je serai ta reine comme tu seras mon roi
Oublies les chaines et exprimes ton désir brulant j'ai foi

Les aveux sous le voile

Sous le chant des sirènes d'une nuit
L'âme d'une silhouette pêche les voix inouïes

Un instant de silence prône sous le voile nébuleux
Attendant sans prier au pied de ces bâtisses les aveux

Le mirage du voyage tourne au rythme des moulins
Comme un passé flou qui laisse place à un présent certain

Une vie de questionnements jetée dans l'eau
Une résurrection rempli d'espoirs sans barreaux

Les reflets argentés du décor se dissipe peu à peu
Comme un brouillard qui efface la tristesse d'un adieu

Les ailes tournantes comme une horloge
Pour souffler une senteur marine aux gouts de larmes
loin de cette auberge

Super lune

Le soleil t'éclaire de mille feux
Les poussières de diamants t'enveloppent c'est fabuleux

Ma lune de miel sera aussi douce que tes rayons
Ma nuit parfaite sera le temps du cercle de ta lune en cette saison

Ta face cachée est aussi secrète que mes douleurs
Tu fascines les poètes même la plume alibi des charmeurs

En XXL tu me fais tourner la tête ce soir tu es star
Les étoiles t'observent et soutiennent ton art

Le bal est en danse et de mon balcon j'entends
Ta musique qui me séduit dans ma nuit blanche en m'abandonnant

A la rêverie avec mon bien aimé sous ton regard
Qui nous suivra toute au long de cette nuit sans hasard

Paume contre paume

Le jour de la rêverie joyeuse s'installe
On se cherche se suit toujours en cavale

Le sort est jeté dans les esprits joueurs
L'amour naissant fait ses plans à l'heure

La source aux plaisirs est intarissable
Comme le bavardage silencieux infatigable

Les cœurs fragiles se projettent sans filet
Les mots innocents respirent le doux billet

Glisser entre les doigts en toute fragilité
La plume jeune a couché sa vulnérabilité

L'inspiration du cœur cause en langage de môme
Le silence des paroles s'entend à travers paume contre paume

Le cordon de l'amour

Le cordon ne s'envole pas avec les jours qui passent
La disparition ne s'efface guerre dans cette impasse
Un amour aussi puissant ne fléchit jamais certes il agace
La tristesse tourne en rond mais l'amour trace son espace

Écouter l'esprit passionné avec grâce et espoir
Il vibre avec ses ailes déployées pour un soir
Ou le regard amoureux observe la vision des retrouvailles
Ainsi le rêve s'étendra en fréquence sans bataille

Attendre sous l'horloge que les songes avancent le temps
Le merveilleux frappe à la porte comme le rêve d'un enfant
Un retour à la réalité ou un lâché prise s'impose
Au bout du chemin une main se tend avec belle une pluie de roses

La flute enchantée

Ma douce de tes doigts magiques et fins
Jouant des plaisirs de tes gracieuses mains

Tu parcours le chemin de mes tentations
Les plus enfouies ou la folle excitation

Se diffuse en un exquis état d'apesanteur
La progression lente mais heureuse monte en hauteur

Mes pensées se déchainent et cherche une sortie
Au pays des songes De Sade Le marquis

A ne m'ôter aucun plaisir si profond
Ainsi Les notes blanches sous un long

Et merveilleux soupir libère enfin
Ma flute enchantée de son plus beau son divin

Paris

Le rideau se lève
Aux pays des braves

Vendange rime avec champagne
Idylles naissantes aux quais des cygnes

La Dame de fer témoin de la scène
La projette sur la Seine

En avant-première
Dans la belle ville lumière

Et jupons à talons sont en vogue
Paris chuchote la mode en toutes langues

A la recherche de gloire en chansons
Routes et motels pour une saison

Insaisissable tableau vivant
Suspendu au cœur du Louvre transparent

Un anniversaire en musique

Un matin le parfum de fleurs embaume mon boudoir
Des roses couchées en tapis de sol inondent le couloir

De douces paroles chuchotées ouvrent le bal des confidences
Le masque de la déesse affiche l'éloquence

Et enflammera une journée et une nuit entière
A exaucer les vœux d'un joli moment sans guêpière

Dans le bleu du jour et le sombre nocturne
Un cadeau se déballe à deux comme l'anneau de Saturne

De rouge je serais la dame de cœur
Et tu te coucheras pour offrir ta douce chaleur

Le corps dénudé en talon aiguille
Un anniversaire en musique se célèbre dans la ville

Une envie caressante

Mon amour se lit à travers mes larmoyants yeux
Dévorer ton corps reste une obsession devant les cieux

Une absence douloureuse mais ton visage reste en mémoire
Les larmes versées je m'enivre à les boire

Mon désir se ressent sur ces lèvres mordantes
Sous le voile de la posture aimante

Un baiser sera déposé dans le plus grand secret
Mes doigts te dessinent encore jusqu'au dernier trait

Ma plume ne cesse d'imaginer le pur bonheur
Mon cœur battant songe à pleins de douceurs

En catimini pousser sans cri la porte de ton manoir
Néanmoins une envie caressante sera soumise même dans le Noir

Irrésistible ballade

Si la pensée attire ce que nous désirons
Alors mon voyage sera le plus beau en ballon

Je m'envolerai jusqu' à ton cœur en mal de moi
J'emporterai avec moi le souvenir d'être avec toi

Si le chemin de l'amour se perd je le conterai à la lune
Elle répand douceur et amour oubliant la rancune

Même les curées me l'ont avoué
Ma douce dame brune vous êtes écouté

Mon irrésistible ballade continue même sous le froid
Je ressens tes émotions au fond de moi et je le crois

Ma folle intention te cherche même sous la brise
Je suis si heureuse au bout m'attend une surprise

Nos regards croisés

Un papillon blanc posé sur mon doigt
Comme la douceur d'une plume d'oie
De son envol une scène s'ouvre à moi
Comme un ange aux ailes de soie

Une rivière aux couleurs émeraude
Ou coule les souvenirs qui rodent
Comme un voyage dans le temps et inonde
Tous mes rêves oubliés dans cette source qui gronde

Les images défilent et mon cœur s'emballe
Comme une pluie douce tombant sur les dalles
Mon esprit se pose sur ton visage pale
Comme si tu tournais dans mon voyage sans malle

Nos regards croisés pleurent aussitôt
Les mains se touchent en silence sans mots ,
Comme un film muet en noir et blanc au bord de l'eau
L'ange à disparue en laissant deux papillons autour du ruisseau

L'aigle noir couronné

Ce matin sorti de sa tour d'ivoire
Le roi a arraché une violente victoire

Le gourou infâme s'est perché sur la haute marche
S'acclamant haut et fort de son triomphe en patriarche

Le grand outrageux et perturbateur
Le déstabilisateur règne dans sa bassecour en provocateur

Le grand requin mesquin a franchi les grandes marches
Ainsi le griffon bouffon a crié sa joie en lâche

Une foi cachée

Le vent a sifflé la moisson
Depuis l'amour a avalé la boisson

L'ivresse de la prière n'est qu'un leurre
Le temps s'ennuie dans le silence de ses heures

Le désert brulant chante sous les perles de dunes
Le marchand de sable a conté sa fable à la lune

Les larmes de diamants éclairent la nuit triste
Les anges inquiets sous le voile rendent visite

La foi cachée ne s'éteint jamais
Une étincelle allumera la bougie qui jadis brulait

Une vie retrouvera le sommeil quand la liberté
Abandonnera l'exigence d'une confiance ébranlée

Viens m'embrasser

Un adieu avec toi semble côtoyer le au-revoir
Un sourire au coin de la lèvre nourrit ton pouvoir

Une séduction dangereuse juste entre toi et moi
Le plaisir charnel visite le corps mais l'esprit se noie

Dans le tourbillon de l'amour vulnérable
L'indifférence à ton charme est un mensonge misérable

Le drame est entré en voleur dans sa fourberie
L'amour fusionnel tente de survivre à cette parodie

Allons ensemble cueillir cette rose blanche
Elle nous parlera de ses émotions sous cette branche

Sous cette pluie heureuse l'avenir à encore des mots
Qui donneront espoir à des maux de guérir même ses larmes en sanglots

Un mot ...une histoire

Dans le parcours d'un livre
Les mots se racontent une histoire
Le parfum du bois nous plonge dans le sourire
Sa douceur et sa magie parfois nous livrent
A aimé le scenario d'un reflet d'une âme dans
un miroir

cet esprit en quête de savoir et de délire
Son jeux de lettres fait le plaisir du mot
Les sens se vivent en s'entourant d'émotions
Tout en légèreté les caractères nous émeuvent
Ils circulent tout en liberté même avec ses maux
Comme la sève qui nourrit l'arbre dans son action
Une lecture à la découverte d'une branche de terre neuve

Les fleurs et des maux

Le diable avançant muni d'artifices guerrier
L'ange souriant porte une douce fleur
La frappe se réjouie et meurt devant les mots sans pitié
Une tempête immerge de ce duel sans peur
Et le cœur vierge résistant monte en puissance terrasser
Les âmes noires criantes d'effrois c'est l'heure

Les fleurs Volent ne laissant que blessures
Et pétales à terre ou les maux des corps
Expriment leurs faiblesses sans armures
Le fourbe aux intrusions mentales dans l'abysse profonde se tord

Il ne reste que la bêtise hurlante des armes
Au sol le bruit des douces fleurs dénudées
Dont les pétales recouvrent le pêché de couleur carme
De cet effroyable son de canon meurtrier
Et du ciel sonnera la fin des larmes

Le dernier requiem

Un dernier souffle est lancé
Les premières mesures attendent patiemment en planche
Musiciens en quête du perfectionnisme s'ordonnent à achever
Ainsi une volonté acharnée libère les notes noires et blanches

La veuve courageuse femme et pressée
Se voulant bonne veuve honore son pianiste
Son vertueux mari aux mains jalousées
Une œuvre magistrale fut enfin applaudie des royalistes

Une musique sacrée réveille les partitions endormies et demain
Le beau naquit enfin et chante le dernier requiem
La musique heureuse entra enfin en scène ou se confondent toutes les mains
Le petit homme restera le roi de son époque Carpe Diem

Une carte rouge

Le manteau blanc de l'hiver
Blanchit la ville toute entière

Vivement le retour des couleurs
J'irai cueillir mes belles fleurs

Au coin du feu un jeu se déclare
Même sans un sous je lui tend un canular

Les lèvres habillées de rouge intimident le coquin
Il en perd tout contrôle devant cette bouche carmin

il succombe à la douceur des baisers en averse
La carte rouge lancée déclenche un beau déluge

Et le jeu se termine sur le tapis perse
Le roi de cœur en tombe à la renverse

Devant ce magnifique corsage

Un ange près de moi

Quelle merveilleuse sensation de se sentir aimé
L 'amour ne tombe jamais dans l'oubli
Un ange toujours près de moi pour le chuchoter
Les paroles aussi généreuses que le courage d'un colibri

Les moments difficiles portés par des ailes magnifiques
Un être de lumière porte le poids du fardeau
Sans retenir les larmes une poésie bucolique
Emporte les sentiments égarés au loin comme un oiseau

Dans le profond silence de la nuit ,
Un vol a surpris une âme au sourire gracieux
Un cadeau est laissé dans les murmures sans bruit
Un souvenir se mélange au rêve devant ce protecteur majestueux

La guitare

Sous la lumière de ta pleine lune
Mon astre tu es la compagne d'une nuit
Les vibrations de ma guitare de fortune
Te cause de la montagne qui s'évanouit

Derrière la brume qui l'enveloppe
Une chanson mélancolique ou les mots se meurent
Sans raison au bout de mes doigts en frappe
La pauvre corde a crié ma solitude en ces heures

Un besoin de tendresse inspire ma détresse
Sans le cœur de ma déesse
Le manque de ses caresses me plonge
Dans cet hiver et son absence me ronge

La douce lune écoute un cœur en peine
Au- delà de mes maux j'entends une voix
Qui chantera mes larmes à ma reine
Assis devant cette montagne à attendre comme un roi

Mon beau capitaine

La mer berce mon cœur fragile
Un souvenir immerge de ce voyage
Intense et romantique idylle
Le fruit défendu est consommé sur ce rivage

De la falaise un coquelicot est ramassé
Au loin un bateau blanc se range
Le cœur heureux vole la main aimée
Au passage les mouettes ouvrent le cortège

Les pas heureux se posent sur une allée de fleurs
A Cap d'Agde une histoire se peint sur ce port merveilleux
La pluie caressante chante la mélodie du bonheur
Ho ! Mon beau capitaine mariez-nous sous ce ciel pluvieux

Chante pour moi

Chante pour moi une chanson
J'embrasserai ta musique à minuit
Au titre enchanteur au doux son
Et je danserai toute la nuit

Et de tes lèvres ourlées
Naitra la clé de sol affolée
Suivi d'un doré clair de lune
Une note bohème m'emporte sur la dune

Tes paroles mielleuses ensorcellent
Les milliers de roses dans mon jardin
Éblouissants récits sous ta ceinture
Ma plume écrira ta chanson en poésie demain

Un cœur d'hiver

A l'aurore de la nuit
Je me suis perdue
Dans la boucle de ton rêve inouï
Et je me sens nue

Mon cœur prisonnier dans une neige
Aussi pure qu'un cristal
Un tourbillon de blanches perles
Emprisonne une affection sentimental

L'appel à ton art érotique
Réchauffera surement ma bulle
Et sera ramener un printemps exotique
Ainsi sentir de nouveau la flamme qui brule

Le bleu profond de cette lueur
Changera à tout jamais ton regard
Pour te noyer dans cet océan conspirateur
Et t'assoir avec moi sur ce nénuphar

Gentleman dragueur

Le beau rossignol a sorti sa plume
Chantant de belles paroles en l'air
Sur le chemin du comparse se montre la victime
Le dragueur passionné joue de son charme pour plaire

La belle sans défense étale son jeu
Devant le caméléon tricheur en proie
Elle commença la séduction digne d'un coq en feu
Le séducteur pour la première fois a vu l'effroi

Ainsi le narcissique a trébuché devant plus fort
Une invitation plus-tard il se meurt devant tant de malice
La chasseuse a apprécié son dessert et sans remord
Notre gentleman dragueur est mis à terre avec délice

L'envol des papillons

De blanc vêtue je te lance un message
Une promesse n'a nullement été honorée
Mon cœur pleure en silence comme le sage
Deux alliances rêvent d'un mariage au talus de l'orée

Un amour honnête et sincère me suffit en vœux
Le bonheur d'un petit bonjour Madame
Monsieur le faiseur de miracles heureux
Fais de moi l'unique amoureuse sans drame

Nos cœurs tous blancs dans les airs ils volent
L'amour est puissant sous ces caprices
Déjà les papillons ont pris leurs envols
Et voilà que je convole en juste noce

Un matin de Décembre

Un matin de Décembre ,rêveur le poète
J'écrirai ta naissance avec extravagance
Comme une rose rouge légère et secrète
De mon encre je t'habillerai de rouge à outrance

De pétales je couvrirai ton corps de déesse
Sous le passage de ma plume
Tu te révéleras amour et tendresse
Ton adorateur te parlera en rimes

Moi j'ai besoin de rêver
Sinon je meurs en emportant ta fleur
Je signerai de mon sang cette amour caché
Pour te sentir près de mon cœur

Je te déshabillerai chaque soir de décembre
Je serais au septième ciel et fier de ma tige
En effleurant chaque pétales de soie dans l'ombre
Je te ferai mienne sous le blanc de cette neige

Le bijou de madame

Sur le fleuve de la ville
Encore endormi sonne
La symphonie de la presqu'ile
Une croyance sincère fredonne

Un air mystique pour madame
Et coule un début de larmes
Sur ce lit d'eau repoussé par les lames
Le gentleman amoureux cherche le bijou de la belle âme

Explorer ce couloir sombre
Dans ce froid de Novembre
Ou les pensées folles semblent vouloir
Excuser tous les sens d'un devoir

Mais juste pour le plaisir de plaire
Et voler un baiser de gratitude
A cette gente dame en galère
Voilà que le battement de cils apprivoise la servitude

Le pouvoir d'aimer

Aux creux de mes mains
L'amour a soif de toi
Mes veines te dessinent sans loi
Seule ma foi jure par mon unique témoin

La raison de mon ardeur
Une envie habite ma folie
Une caresse tremblante frôle l'allumeur
Dans toute sa splendeur il s'oublie

Les vagues immergent et plongent
Dans ce plaisir d'offrir mon palais
Délicatesse et douceurs en partage
j'harmonise délicieusement le ballet

Illumine ma soirée volcanique
Implore soleil et dame lune
Ho ! Retiens La chaleur des rayons uniques
Rendez-vous est pris devant les tribunes

Le pouvoir d 'aimer restera à jamais

Arrêt sur image

Un corps murmure à son âme
Son fabuleux voyage de vie
L'esprit lui offre le temps sur cette trame
La faveur est grande et inouïe

Une aventure à couper le souffle se dispute
Une route qui s'efface et se redessine
Sous la dentelle de terre les souvenirs luttent
Le beau reste intact sous le chant de la sérine

Les avalanches de minutes tournent en rond
Sur le cadran d'une folle tentation
Celle de changer un destin de l'esprit vagabond
Les cicatrices se révèleront une appréciation

Avec le temps dans ce désert aux noires aiguilles
Proches ou lointaines pousseront des pas incertains
Dans les secousses vertigineuses de la faille
Le sommeil agitateur s'évanouit de la scène et le cauchemar
s'éteint

L' Amour

Un inconnu vous offre une fleur

Belle aux pétales parfaites
Diffuse au grand air son subtil parfum
Une parenthèse s'ouvre devant cette odeur abstraite
Et si l'amour nous parle tout à chacun

Il dirait aime et tais toi
L'authentique ne s'explique guère
Le véritable est sain sous le toit
Le grand se décline sans galère

Mais alors ou se cache le vrai
A chacun de croire à son sentiment
Apprécier l'intelligence c'est l'admiration
Aimer la beauté c'est le désir uniquement
Adorer la richesse c'est l'intérêt sans illusion
Et lorsqu'on sait pas c'est de l'amour sous la roseraie

Les regrets

Un fil se tisse au passé
Car la vie à peur du futur
L'inquiétude enferme les trésors non avoués
Sur ces moments tant appréciés sous cette armure

Avant de mourir

Le trépas ne se fera en liesse
Sans la réalisation des joies
Les envies de cet instant se pressent
Les rêves dingues se cheminent une voie

Le regret reste un mal
Le remord ronge le cœur
La confiance libère le moral

Ha ! Les belles aventures perdues
Quelles étaient belles
Si on l'avait su
Toutes ses étincelles ne restent éternelles

Le triomphe

La peur n'existe que dans ta tête
Laissons passer la tempête
Plaçons l'intention sur le moment présent
Le but à atteindre est captivant

Ne manque pas le spectacle de ta vie
L'attention ne peut être affaiblie
Et à deux endroits en même temps

Profiter du show en souriant
C'est accepter la vie en chantant
Ne rejette pas la vie et sa magie
Chasse la peur et gonfle ton énergie

Brave ce chemin en toute confiance
L'ardeur sera ta liberté alors patience
Ne te focalise pas sur l'inutile
Et t' impose pas des raisons futiles

Le triomphe est le résultat de tout effort
N'accuse pas la peur du changement à tort
L'inconnu peut se révéler bon
Le bonheur et l'engagement en action
C'est définir des limites et des défis
Alors éclaire ton esprit

La dignité est une vie qui vaut la peine d'être vécu

Soleil !

J'embrasse le soleil
Une boule de feux sans pareil
Donne vie à tout œil
Tout en souriant au ciel

Une vie, une fleur un monde s'éveille
Ton amie la lune nous veille
La nuit sous ses rayons de couleur vermeil
Ta naissance dès le matin reste éternel

Ho ! soleil sans ton accueil
La terre se meurt sans ton souffle vital
Ta chaleur source d'embellissement au réveil

Ton nom est crié sur toutes bouches même vieilles
Et sans oublier les autres dans leur orgueil
Ho ! Oui même les poètes te racontent dans les recueils

Mon astre tout en merveille
Ta lumière réveille nos champs de blés en sommeil
Dites merci ! Au père nourricier il surveille
Notre belle terre cultivée avec son miel

Et n'oublions point la blondeur du méteil
Il fait tourner les têtes des tournesols mon soleil

La lune et mon cœur

Ho ! Belle lune dans toute ta splendeur
Éclaire mes sombres incertitudes
Je m'épanche sur mon cœur comme d'habitude
Ho ! douce lune je désir plus de candeur

La douceur de ces mains je veux sentir
Je l'embrasserai sur un banc publique
Dans ses bras je veux me blottir
Je vous le dis ma lune elle est unique

Je visiterai ma douce âme en fleur
Ho dame lune voilà que je suis amoureux
Mon cœur se réchauffe sous cette douce chaleur
Merci ! il est tant d'être heureux

Dis-moi que tu m'aimes

Une douce journée d'automne
Parfume l'idylle d'un poète
Sa plume se confie et condamne
Un cœur dur à l'image d'une marionnette

Une missive chante des mots sous une heureuse hymne
Dis-moi que tu m'aimes à cette fête
Et voilà des paroles en prose qui se damnent

Comme un vent qui fouette
Tous les moulins de l'automne
Sur une colline secrète
Le silence des âmes enterre cette amourette

La source du plaisir

Dans un coin de ma tête
Mon voyage se poursuit en vague
Comme l'épopée d'une comète
Mon esprit rougit et divague

L'exploration se lit en deux temps
Comme une valse d'antan
Le ciel m'enivre de plaisir
L'ivresse d'une lumière sous la lire

Mon corps adsorbe le repos hallucinatoire
Un feu d'étoiles sublime mon regard
Comme un joyau de diamant offert lors d'un dinatoire
Quelle sublime séduction à mon égard

Le ciel parle aux femmes
Et les rends belles sans artifices
Les étoiles brillent ainsi les hommes
Flambent à leurs tours devant les affabulatrices

Une vie entière

Ne reste pas seul dans ce vide
Un océan se partage en ballade
L'arc en ciel illumine une accolade
Prend ma main une seconde

La chaleur ressuscite ton cœur
Marchons ensemble dans cette vague de douceur
Le coquillage à graver ta larme de bonheur

Tes silences se discutent à deux bonhomme
Tes peurs se sont noyées sous l'écume
Serre-moi fort et aime
Jusqu'à une vie entière ma tendre belle âme

Un moment d'intimité

Une douceur lente vient me saisir un instant
Un frisson s'empare de ma peau
Mon imagination dessine des notes en Do
Sur mes courbes en accostant
Mon corps nu qui danse en tempo

Je suis une femme qui rit et pleure
Pour moi rien n'est trop beau qu'un instant de plaisir
Juste moi en solitaire sous la couleur
D'un jazz qui vibre sous mon désir

Mes pas volent et me transportent caressant l'espoir
Je reviens à la vie mes ailes s'abaissent
Ce souvenir de liberté se révèlera dans le miroir
Je me revêtis tout en délicatesse

Le secret sera gardé sur cette expérience
Sous le regard de ma curieuse audience
A danser sur ce sol de faïence

Une rose fanée

Joue, joue avec moi
Le temps passe au ralenti sans toi

Viens avec moi embellir mes rêves
Ce monde ne te réjouit guère sans ta Eve

Les frontières sont libres
Juste une nuit dans tes bras

Un passage éternel de mon livre
ou une suite de notre jeu sous les draps

Le jour se lève sans toi
Ton cœur se meurt sans moi

Ma vie s'écroule en instantanée
Comme une belle rose fanée

Je veux et j'exige

Un jour un grand homme a dit par le passé
"Fais de ta vie un rêve et d'un rêve une réalité "
Alors moi et ma plume nous nous efforçons à planer
Jusqu'au bout de toute liberté

J'aimerais voir les oiseaux voler,
Leurs ailes dessinerons des cœurs pour aimer
Ainsi que des lèvres pour embrasser
L'arc en ciel posera les couleurs d'été
Le génie exaucera mes vœux à volonté

Pour le plaisir de rendre les gens heureux
Ma plume dessinera la terre bleu
Elle tournera à l'envers sous les cieux
Elle effacera les pleurs et regrets dans ces lieux
je voudrais être une reine de ce monde dangereux

Et régner sous la loi du bonheur et la joie
Un monde sans préjugés dans ta foi,
Je veux de la magie pour toi
Et un petit de je-ne-sais quoi

J'exige et je veux que le rêve s'accomplisse
Ainsi c'est écrit sous la palisse

Un cœur silencieux

A la tombée de la nuit ma vie se fige
Une partie de moi explore les mystères du sombre
Le couloir de l'interdit m'interpelle dans mon vertige
Mon âme se cache et pleure avec des fleurs derrière mon ombre

Mes nuits sont courtes donne-moi le temps
c'est une prière je t'en supplie
Je ne suis pas un ange et pourtant ,
Je m'incline à genoux avec pitié je m' affaiblie

Le chemin est long mes pas s'alourdissent
Les matins et soirs se confondent dans le noir
Ma souffrance te parle avec silence ,
Mes larmes sont une rivière dans ce couloir

Ne te détourne pas c'est une prière
Je t'en supplie parle-moi
Je ne te jugerai pas comme hier
Mon cœur restera silencieux comme toi

Ma vie se déroule en noir et blanc
Le temps s'est noyé dans cet étang
Je t'en supplie retiens ta rivière
Ne dis plus un mot c'est ma prière

Échec et mat

Une vie fragile et morne
Suspendue au-dessus de gens ternes
Fatigués mais sans haine

Une réalité ou les anges sont en cage
Et les cieux répondent avec dommage
Aux tristes figures sans héritage
Qui craignent un carnage

Les lois du désir attendent sans détour
Le génie en bouteille sommeille à son tour
Hier la pensée blafarde a soufflé son retour
Demain au plus-tard sera un autre jour

Aujourd'hui le désir s'affirme
Maintenant je veux et je confirme
Une vie de joie avec tout son charme
La création d'un chemin de larmes
mènera à une perte sans alarme

les pleurs attirent la malchance
La lumière éclaircie les pièces
les ombres d'antan disparaissent
La chance sourit avec classe

la vie est une succession de paroles en permanence
les mots s'utilisent avec prudence
le jeu d'une vie est un échiquier dans ces nuances
qui repose sur un échec et mat suivant les performances

La page blanche

Un mot semble surgir de nulle part
Comme un tableau d'art
Encadré dans mon esprit c'est le bazar
Les lettres s'assemblent et s'effacent dans ce hangar
A la fin de ce cauchemar
Je m'offrirai un césar

L 'imagination se meurt dans cet enfer
Je déblaye le désordre de ce cimetière
Ou les mots dorment sans prières
J'ouvre les bouquins d'hier
Et je m'évade comme une aventurière

Que c'est bon de lire ces fameux auteurs
Ou leurs mondes dévoilent les secrets de ces hommes boudeurs
la recherche des lettres virgules comme un collectionneur
S'emballe et j'entends le tictac de l'heure
Les mots se décrochent et s'imposent en buveurs

D'encre la source d'une poésie en couleur
Une fleur je dépose pour remercier son agréable odeur
Ma page blanche se remplie d'honneur

Sous la pluie

Le parapluie fait tourner les âmes
Dans le vertige de ces larmes
Ou tombent des gouttes de bonheur
Sous la pluie douce de cette heure

Un voyage au bout du monde ,
Dans le train de l'exode
Et disparait de la gare sous les secondes
Ou fleurissent de nouvelles parades

Aussitôt l'absence se range en attente
Les jours s'écoulent sous le son d'une flûte
Comme des lettres qui dorment dans une boite
Qui donne espoir à un cœur dans le doute

Les mots tremblent devant cet anneau d'alliance
Dans ce train en course
L'horloge de la gare tourne comme
Ces deux âmes qui s'aiment

Une danse à deux

Un vol d'hirondelles disparaissent sous la brume
Sous les toits deux vies se racontent sans rimes

La respiration s'entend sans virgule
Les mains se baladent et se croisent en boucle

Sous le roucoulement d'un pigeon-carme
Les feux de frissons parcourent la danse de charme

La musique de l'amour résonne sous les draps
Comme un voyage au cœur d'un opéra

Et les feuilles de l'automne tombent en silence
Sous les cœurs enlacés de ce palace

Un bonjour

Hello le monde d'ici et d'ailleurs
Un oiseau s'est posé sur mon épaule hier

Son nid est tombé sous mon nez
Il s'est reposé et s'est mis à voler

Une plume glissa le long d'une mangeoire
Et marqua le début d'une histoire

Ce fut le début d'un bonjour
Un sourire raconta la bonté de ce jour

L'oiseau laissa apparaitre une vison
Un monde nouveau créera un blason

Celui de paix et l'amour
Un soir de lune l'oiseau de velours

se transforma à son retour
Un ange me dit bonjour

Un tourbillon

Adulée de toute de ta personne sans méfiance
Que sont devenues ces complaisances

Surement enfouies dans le gouffre du paradis blanc
Un monde où dorment les jolies douceurs d'un temps

On n'oublie guère une plaie
Un amour blessé ne meurt jamais

Une peine, un cri d'une poupée démembrée
Hélas, un instant, un sentiment pour l'éternité

On seiche les larmes comme d'habitude
Une tristesse gonfle c'est une certitude

Et elle restera une courte amnésie
Encore dans les déboires d'un tourbillon d'une vie

Un moment de silence

Le chariot magique a remplacé le jouet en tôle
Une promenade s'envole à travers les étoiles
Et toucher mes vœux cachés sous le voile

J'ai senti l'immensité sans bruit
Le monde bleu flotte je reste ébloui
La lumineuse voie lactée me plonge sans ennui

Dans le silence d'une nuit volée
Les astres muets sont dissimulés
C'est alors que l'aube épouse l'aurore éclairée

Et laisse pénétrer le silence de la vie

Ho ! si je pouvais ...

Un matin au petit jour
Mon esprit me chuchota des mots
Confuse le sommeil bouscule le bonjour
Ho ! Si je pouvais ...ho ! que c'est beau

La journée défile cette voix me poursuit
L'obscurité m'enveloppe et je suis ébloui
Ma joie est timide mais le sourire s'exprime
Ho ! Si je pouvais ... Ho ! que je me consume

La nuit caressa la lune et devient bleue
Des étoiles scintillent dans mes yeux
Ce jour se finit par un bel aveux

Soudain j'ai appris à m'aimer
Ma vanité me parle de douceur oubliée
Ho si je pouvais...
Et un mot accoucha de mes lèvres
Ho ! Que je t'aime

Mon ami

Le monde accueille le sourire du soleil
Et réchauffent les cœurs tristes en sommeil
Tout doux le matin sonne le réveil

Pour toi je construirai un chemin de joie
Et tes histoires me mèneront à la foi
Je te prête mes rêves juste avec ma voix

Envole-toi mon ami et franchis le pas
Ton avenir est la création sous ton compas
Arrête ton mea culpa et balaie ton karma

L'univers n'attend que ta parole
Il obéira à ta vibration positive
Ne te désorientes pas l'ami reste en équilibre

Je te tiens par la main restons sur cette fréquence
Je t'offre un pinceau pour dessiner ta vie et son abondance
De bonnes choses te seront offerte après la séance
My friend attention à la misère des conséquences

Le rossignol

Un chant crépusculaire célébrant le vol d'or
Des chaussons se métamorphosent en papillon dans ce corridor
La splendeur éleva les bras au ciel comme un condor
Sous les cris du roi ténor

Une ronde solennelle entre en scène
Et Philomela fait danser la ballerine
Une éclipse entre chant et danse
Une âme et un cri solaire fusionnent

Son corps fin glissait en arabesque
Son diadème argenté luisait telle une reine féerique
Le sol du bois rougissait par les mouvements poétiques
Le gai rossignol resta sans voix sur ce moment magique

L'imparfait du parfait

Autrefois les mots m'échappaient
Je n'ai pas su te retenir dans cette roseraie
Voilà que mon cœur dissimule une plaie

Je suis amoureuse mais tu es parti
L'amour m'emporte avec ton ombre c'est ainsi
Tu as préféré une déesse au cœur de lune mais si

Dans mon rêve elle se perd dans l'olympe des dieux
Ta perdition sera un châtiment odieux
La souffrance est le son du silence vertigineux

Te voilà devant moi avec tes états d'âmes
Soulevant des montagnes sans ta dame
Un pied à terre et tu rallumes la flamme
L'imparfait côtoie le parfait et sans amalgames

Monsieur le facteur

Une avalanche de factures égarées dans le temps
Des sacs de lettres d'amour me suffisent pour l'instant
Je les lirais pour réchauffer mon cœur en dormant
Monsieur le facteur je vous le dis depuis longtemps

Votre bicyclette se monte toute seule
Ne restez pas timide lisez moi une nouvelle
Monsieur le facteur attention à ma bretelle
Donnez-moi les enveloppes pour les rendre belles

Au revoir monsieur le facteur
Mon voyage est programmé à l'heure
Votre timbre sera accompagnée de mon cœur
Merci à vous monsieur l'admirateur

Un éventail de couleur

Des notes noires et blanches en Do Ré
Volent en douceur dans ma journée
Comme un piano qui joue dans le pré
Ma vie s'envole avec sourire sans clé

Libre dans cette éventail de couleurs
Les ailes s'étendent c'est un bonheur
Les nuages me couronnent de douceur
Mon ange m'emporte au septième ciel quel honneur

Un bleu ciel pour éclaircir l'air de roses
Du rose pour mes heures moroses
Du vert pour atterrir dans ma prairie
La vie sourit et j'ai enfin grandi
Du rouge pour oser mon courage
Le noir et blanc ma musique s'en charge

Mon manège à moi

Tu m'offres l'anneau de saturne
Pour tourner mes heures taciturnes
Tu graves mon nom sur une étoile
En la suivant elle me dévoile

Tu sculptes un manège avec des chevaux ailés
Le monde tourne et je suis ensorcelée
Mon âme adore mon bien aimée

De tes ballons de couleurs tous ronds
tu a repeint toutes les saisons
Tu me chantes des sérénades en accordéon
Et j'ai moins froid en chanson

Tu célèbres un bel hommage
Tu figes le temps sur cette plage
Nos pas chantent notre histoire
A tous jamais sur le sable claire

Tu fais tourner les pages de notre vie
Ton amour écrit des chapitres à l'infini
Ainsi le livre continu notre alchimie

Tu me fais tourner la tête
Comme ton manège de fête

Le racisme

Tu tournes en rond dans ton manoir
Ras le bol de ce monde au long couloir d'abattoir
Tu te heurtes à l'homme mais tu aimes sa demeure quel désespoir
Tu te défoules sur la femme et ses idées tu es dépourvu de savoir

Le raciste est un rat qui assiste en silence
Son fidèle racisme est une raclure atroce
Ses marionnettes semblables lui donnent des ailes en alliance
Aux portes du trône avec aisance

Le roi non couronné provoque des séismes avec audace
Sous les feux se cachent de sacrés artifices
Tes paroles blasphématrices sont ton seul recueil avec insistance
Sous la couture de ce tailleur rien ne taira ce supplice
Ton corps restera une vermine même dans sa démence

Une palette et une vie

La vie sera toujours le maitre
Je serais la poétesse de mon titre
Ma plume s'appliquera à écrire mes rêves
l'encre balayera tous éclats de glaive

Mon tableau à l'esprit habillera ce chevalet
De couleurs aux teintes douces accueilleront les valets
Gardiens de mon monde ou volent les papillons
Ils joueront de leurs ombres une douce danse en tourbillon

Le papier nu se noircira de mes pensées d'aujourd'hui
Tout en s'inspirant de mes belles et folles nuits
La palette aux couleurs de ma vie flottera à l'infini
Dans un océan de gratitude sans oubli
Le pinceau retouchera le cœur étourdie

L'amour de mon élu en sera récompensé
Le manège tournera selon mon envie c'est juré
Ma plume s'appliquera à écrire mes rêves
l'encre balayera tous éclats de glaive

L'amour de mon élu en sera récompensé
Le manège tournera selon mon envie c'est juré

Lettre à Toi

Mon séducteur prisonnier de sa faiblesse
Un éternel hommage baigne dans mon encre en caresse
Ma plume sera mon porte-parole dans ce lit de mots
Mon cœur fragile supporte mal les maux

Un regret aux larmes traduit cette lettre franche
La souffrance est au bord du précipice ainsi l'âme s'en fiche
La grâce du pardon est un chemin à gravir
Ma plume empreinte de mon délire

Aspire à entendre ton souffle de vie
Juste un instant une semaine un siècle mon ami
Une dernière danse dans la place
Avant que mon cœur ne se glace

Ainsi l'automne avec ses feuilles d'or
Tomberont à leur tour en danse dans ce décor
Le sol sera recouvert d'amour d'un temps
Nos pas visiteront cette place en s'aimant

A mon ami mon amour mon confident

Du rêve à la réalité

A la croisée des montagnes
Je rencontre un sage moine
Que cherches-tu demoiselle en larmes ?
Je veux une paix dans mon âme

Alors continue ton chemin au dos de cet âne
L'animal au bout de quelques heures se mit en colère dans la savane
Que me reproches-tu joli bête ?
Tu dois faire honneur de ta dette

Je t'offre ma gratitude dans cette oasis
Alors que ton voyage gagne en plénitude sous ton supplice
L 'aventure reste sublime dans toute sa beauté
Qu' "attend -tu de moi dit un paysan agacé
Je recherche asile dans ta terre pour me confesser

Ma culture est sèche et sans espoir j'aime mon trésor
Alors que mes larmes d'amour pleuvent et coulent sur ta récolte d'or
Que ta bonté se propage ici et au-delà
Au loin un arbre à souhait aux senteurs de camélia

Mon corps reposa au pied de ce bel arbre
Tout en douceur l'énergie vibre
Et une voix me chuchota au creux de mon oreille
As-tu trouvé la paix pendant ton sommeil?

Du rêve à la réalité juste un pas la croyance
bienveillance et tolérance règneront en abondance

Mon jardin secret

Pour la femme amoureuse et unique
Flânant dans un endroit chimérique
Le long du chemin des rêves
Comme la beauté de la vie règne sans mauvais effluves

Ici se cache mon bel amour convulsé d'une suave fièvre
Tout en s'accrochant à mes lèvres
Tu embellies ma vie de roses
Comme tes vers en proses

tu remplis mon corps de miel
A l' image d' un essaim d'abeilles dans le ciel
Mes journées sont belles et gaies
Comme sous mes pieds , tu as tracé un chemin menant au palais

Une forteresse du rire et du plaisir
Les graines semées sont à fleurir
Mon roi à la couronne du nom bonheur
Comme un cœur immortel dans mon jardin secret de fleurs

Le cercle

Je me cherche et tourne en rond
Comme une pierre ronde jetée dans l'eau
Le cercle est mon premier manteau
Comme dans le nid de ma première vie
Mon cœur est aussi fort qu'un colibri

Il bat pour toi aussi fort que ses ailes
Pouvoir voler comme une hirondelle
C'est ma pensée pour te retrouver
Ta présence sera appréciée mon bien aimé
C'est notre histoire d'amour
Une union à l'infini aux baisers de velours

J'observe mon étoile qui brille
Voilà que la planète lumineuse file
Et tu me retiens par cette mystérieuse idylle
Notre amour sera lié à tout jamais par cette alliance sur le Nil

Les larmes du Passé

J'ouvre une porte aux souvenirs
Sans laisser vivre mon avenir
J'ai tant besoin d'une amitié
Les larmes s'emparent de mon bonheur passé
Mes douceurs et tendresses sont loin
L'affection semble disparaitre comme un grain
Le vide absolu m'entoure c'est le flou
j'ouvre les yeux la magie est partout

La lune prête son oreille à ma solitude
Les étoiles me racontent et je reste sourde
Même le miroir ne reflète plus mon visage
Juste seule en sanglot à me souvenir des présages
Une vie merveilleuse s'apprête à me plaire
Mes rêves sont suspendus dans les airs

Je regarde un instant la vie
La foule m'étourdit mais sourit
Un instant de bonheur flotte dans l'atmosphère
Et je m'envole sous le vent dans cette montgolfière

Un bouquet de fleurs

Elle parcourt la ville en silence
Un sourire aux lèvres rouge
Près d'un lac une séquence

Un peintre peint une aquarelle belge
Une composition de fleurs rondes
A l'image de son monde

Un esprit en quête de carnaval
Comme une merveilleuse nuit boréale

Qui laisse un doux parfum frais
A la femme sur le quai

La danse des battements de cœurs
Résonnent dans un tableau en fleur

La lune éclaire ces silhouettes
L'amour se met en quête

Des milliers de pétales tombent sur elle
Un bouquet de fleurs s'offre à la belle

Deux cœurs en liberté

Le vent souffle la bulle de nos fantasmes
Une histoire se dessine dans les nuages
Une fascinante attirance s'écrit sur nos pages
Notre âme vibre avec enthousiasme

Deux esprits troublés de plaisir
Les heureux ne connaissent ni soif ni tristesse
La douceur fait place à une sensualité de désir
Des graines d'amour fleurissent en allégresse

Loin des témoins et leurs sarcasmes
ceux-là pleurent sans cesse un amour marasme
Les regards et sourires fusent sous l'accueil des sages
La prédiction mystique fait sourire les mages

Deux vies suivent un destin croisé et survolent un souvenir
L' univers a bâti une étoile et gravé leur avenir
Deux cœurs en liberté se livrent à une bataille avec ivresse
Ainsi Deux inséparables se distribuent l'amour en noblesse

Je voudrais être une étoile

A l'aube de ma naissance enfouie dans ma mémoire
Une douloureuse cicatrice fut le début de mon histoire
Un bout de crane, un début de corps et le reste glissa dans toute sa gloire
Une vie, un autre passage d'un univers inconnu sera mon territoire
Mon destin commence déjà par un tour de balançoire

Dieu merci mon premier cri fait cesser ce calvaire
Une voix, la mélodie du bonheur sonne avec douceur c'est spectaculaire
Un immense amour m'enveloppa et me sécurisa c'est extraordinaire

Grandir, se chercher ainsi les années passent sans cesse je me renouvelle
D'apprentissage en apprentissage
Je me construis et devient belle
Une douce lumière m'invita timidement et mon esprit s'éveille
Un amour, une joie et un bonheur forment mon union éternelle
Ce ne fut pas toujours le cas mais la vie est un mystère

Les saisons passent, s'habillent, se parfument et se dénudent

Mon corps aussi chante cet air de vieillesse en ballade
Néanmoins, mon âme apprécie toutes choses qu' elle reçoit
car elle a fait commande
croire en moi est un pas à franchir demain je bâtirais ma
pyramide
Et dans une vie lointaine, quand je serais vieillarde
Dans cet élan de passage dans un autre monde

Je voudrais être une étoile

L'aiguille du temps

Au temps précieux en le gratifiant il me l'accorde
A l'heure gaspillée elle me tend une corde raide
Au temps jadis je réponds c'est un éternel recommencement
Dans une minute mon rêve sera le parfait dessein de maintenant

Une seconde d'inattention mon destin ordonnera un calvaire
Un moment de répit ne sera que temporaire
hier je méditais accompagnée de ma plume à cette affaire
Et aujourd'hui je me réjouis de cet instant sans commentaires

A cet instant j'écris cette merveilleuse visualisation
Demain je me vois transformée dans ma réalisation
L'aiguille d'une horloge est un accessoire de torture dans toute son illusion
En conclusion Le temps s'écoule dans l'ombre et sans action

Auparavant l'aiguille du temps était tout simplement inexistant
Une vie sans stresse dans le temps

A toi ,à moi, à nous

L'automne souffle dans l'air ses fleurs jaunâtres encore parfumées
Une senteur de terre humide flâne dans cette merveilleuse forêt enchantée
Soudain se propose une cueillette à quatre mains
Sous la bienveillance et couronne de Sylvain

Tes dignes et douces paroles sont entendues sous les oreilles attentives des prophètes
Une sincérité aussi profonde que la plume délicate de poètes
Ton adorable âme s'inspire des couleurs magiques au ton romantique de poésie
Ta fidèle muse peint une histoire fantastique aux mille et une fantaisies

Ce jour de partage tu m'offris des mots, du miel et des roses
Pour effacer ces tristes soirées moroses
Ce soir-là un présent s'offre du ciel un seul et même pouvoir une promesse est née un respectueux amour
A toi, à moi, à nous

Grandeur de l'esprit

Souffrance et tolérance envahissent nos cœurs
Esclave de ce monde nous sommes ,annonce le chant des chœurs
Le matin des âmes perdues crient à l'injustice c'est notre tasse quotidienne de mœurs
Appareil photo en main et la claque vole c'est la milliardaire et son harem accusateurs

La princesse à fait du zèle et hélé son garde arracheur de liberté
La violence des coups se compte en heure et un corps s'enroule en boule écœuré
Nulle aide l'immunité diplomatique règne en toute impunité
l'autorité aux airs ambiguïtés applaudit la haine et la violence avec des paroles très ajustées

Élevons ensemble très haut respect et amour
Oublions rancœurs et jalousies qui sont si lourd
L'âme de lumière en tristesse se disperse et bâtit des tours
La grandeur de l'esprit brillera de vérité et le vautour s'éteindra sans détours

Le silence de la méditation

Un Après-midi de septembre
Allongé sur cette pelouse verdoyante
Une nature s'offre à moi, généreuse et chatoyante
Le silence résonne jusqu'au plus profond de mes membres

Mon corps et mon âme se réjouirent de cet intense plaisir
Je me focalise sur une merveilleuse pensée
Mais une voix s'invite à mon esprit et se mit à gémir
Voulant à tout prix triompher, ainsi la peur assiégée

Que veux-tu laisse-moi en paix dis-je à la voix ?
je pense que tu as oublié de fermer ta voiture
Et si c'était vrai...J'avais deux choix ,
Me relever énervé , soucieux et courir dans cette aventure

ou

Une respiration s'impose ,faisant appel à toutes énergies positives
Me guidant avec foi et persévérance à mon ultime désir
Satisfaire le repos de mon être, mon corps ainsi le nourrir
D'une relaxation intense et merveilleuse
La création fut réceptive

c 'est un plaisir d'être maitre de sois -même ainsi savourer quelques instants de bonheurs.
Se préoccuper de choses inexistantes mènera surement à ses angoisses et peurs ainsi la création de ses faits.

La gratitude

Comme un oiseau s'élevant au ciel
Mes ailes déployées au large de mon esprit
J'embrasse l'univers qui m'a offert le miel,
Mon regard s'étend loin et au-delà du mépris
merci

Mon corps ressent cette satisfaction naissante
La vibration s'est saisie de mon être tout entier
Aujourd'hui et maintenant ma vie est reconnaissante
Du bien-être et la joie qui jaillissent comme de doux brasiers
Merci

La gratitude mon fruit de la vie et de l' amour
Je cultive un paisible bonheur reconnaissant
Le soleil illumine mes belles journée dans ma cours
la nuit m' invite sous sa dentelle d'étoiles gracieusement
Merci

Pleurer de gratitude et que de chaque larmes,
Naissent des petits et grands merci

L'attente de l'amour

L' amour est sincère et magnifique
Ne lui prêtez aucun autre sentiment maléfique
Ce dernier reflètera le calme et le beau de la séduction
Et non l'amour et son éternel admiration

Ne mettons pas un grain de poison
Dans une relation sous un abri de prison
Pour son implacable plaisir
L'assurance et la puissance d'anéantir

Pour se sentir moins seul
Sous ce merveilleux pont de glaïeul
Quand vint l'écho d'une flatterie
mieux vaut être armée d'une galerie

De bon sens , et jouir de cet élégant
compliment avec sourire tout en se détournant
Car tôt ou tard la vérité se révèlera
Vous cueillerez sous les draps

Un autre visage à vous déplaire
Ainsi blessures et paroles danseront sous des airs austères
Quand l'amour sonne avec une ardente passion
Vous le saurez car l'univers vous parlera avec affirmation

Son œuvre vous sera liée avec l'amour de votre vie

A toi , Mon Consolateur

Un esprit tourmenté te demande grâce
Tu connais ma faiblesse et ma force
Tu es l'immensité , l'univers et au-delà
Accepte ma gratitude et mon calvaire je traine mon las

Au sol à genoux ,couché ou debout quelle importance
Ma prière te sera offerte et envoyée avec bienveillance
Tu recevras ma honte et mon désespoir avec honneur
Je suis affaiblie mais patient car je suis adorateur

Tu panseras mes blessures mon cœur ressent l'apaisement
Cette douceur glorieuse et divine m'envahit paisiblement
Je promets faire de ta demeure une pure croyance
Mon cœur te restera fidèle et avec reconnaissance

ai-je dit pardonne moi ?

Mais tu sais tout de moi-même jusqu'à ce venin
Je serais vainqueur et non crétin
j'ai foi en toi guide moi
Aujourd'hui j'ai compris ta loi

Fenêtre sur cour

Un mirage ou un souvenir à renaitre
Etrange émotion parcourant mon être
Animée de douceur qui envahie mon cœur
Je désire être suspendu comme accroche cœur
Je sentirai et saisirai ton odeur enivrante
La lune aux rayons d ' argent caressante

Illumine ta silhouette vêtu d'or et de broderie
Ta présence s'invite dans ma rêverie
Je me laisse gagner par l'ivresse de l'amour
La pluie chante et ruisselle dans la cour
De ma fenêtre un spectacle danse en douceur
Mon amour s'épanouit comme une fleur

Le ciel a entendu ma prière
Un ange a frappé à ma porte hier
Heureux soit mon âme aventurière

Attrape cœur

Mon cœur me parle d'amour
Je l'écoute avec humour

Mon esprit me joue des tours
La passion l'emporterait-elle un jour

La raison se perd dans ses détours
Mon cœur gagne en glamour

Il crie et bat comme un tambour
La vie m'offre un nouvel espoir loin des vautours

Je m'envole cueillir ce nectar qui coule tout autour

Gaïa

Le jour se lève
Douceur matinale
Elle est émotive
Le règne végétal

Lui offre plénitude
Elle est digne de noblesse
Elle nous parle de quiétude
Aux allures de comtesse

Dans nos doux rêves
Un échange verbal
Sans mots à la dérive
Nos sens se régalent

Nul ne doute la solitude
Disparait avec sa tristesse
Comme une servitude
Dans les dunes d'allégresse

La roulotte de la vie

Roulotte qui traverse ma vie
Ornée d'or et de pierreries

Un passage t'ouvre les portes du temps
Le passé est ma mémoire d'enfant

Oxygène du présent et de l'avenir
Ton voyage guidé par le zéphyr

Tiré par des chevaux de feu
En colère envers les cieux

Dirigés vers les chemins de l'existence
Enragés contre ma naissance

Le long voyage dans le tunnel
A la lueur éternelle

Viendra me cueillir la mort
Irrésistible attirance du sort

Et mon âme s'envolera tel un condor

Voyages

Voyages de tous horizons lointains
Oubliés dans les citadines de demain

Yourte d'Asie ouverture sur les montagnes
Allongent les continents ou témoignent

Grandeurs et splendeurs des connaissances
Effervescence qui pétille notre regard
Souriantes et agréables à l'aérogare

Les rencontres se mêlent aux plaisirs
Aux partages des cultures à fleurir

Vieillesse

Vieillesse rime avec sagesse
Inoubliables moments de tendresse
Enrichie d'amour les mots se fondent en caresses

Le miroir te renvoie ta beauté spirituelle
Ta ride qui se dessine te rend belle

Enchanté par ton héritage
Ton histoire reposera en or sur nos pages

Sensibles passages oubliés
Efface la tristesse de ton cœur passé

Et ouvre-le à la jeunesse d'un doux rêve paisible
Monde nouveau uni et indivisible

Désert

Dunes de sables dorées
Étendues infinies ocrées

Silence enchanteur et apaisant
Épisode des bédouins itinérants

Repérant les oasis jardins d'Éden lieu des sages
Traversant le tourbillon des mirages

Lawrence d'Arabie explorateur du désert du Sin
Se mêle à la caravane s évaporant dans les collines

Terre convoitée par les chercheurs d'or noir
Richesse du désespoir

Source

Source limpide aux étincelles de diamants
Danse des sirènes au cœur chantant

Oasis luxuriante et nourricière de nos cavaliers poétiques
Un bain de Cléopâtre aux fleurs exotiques

Regarde la détresse et l'impuissance de l'homme
Une goutte d'eau d'Afrique coule du môme

Chaleur et sècheresse des puits vides
Eau fraiche tu me laisse un gout avide

Fontaine je ne boirais pas de ton eau
Des enfants dorment dans des tombeaux

Cygne noir et blanc

Constellation d'étincelle
Yin et yang fusionnel

Grands oiseaux aux aille sauvagesses
Nait de toi Venus Aphrodite déesse
Empreinte de noblesse

Noir ou blanc aux allures fières
Oraisons princières

Île de Délos aux sept cygnes
Repère d'Apollon béni des dieux dignes

Ton plumage d'amirauté
N'admet aucune médiocrité

Nul ne peut t égaler
Contre vents et marées

Le Voyageur

Toi qui déambules dans les rues de la ville
Et connais tous ces pavés sous ta bile
Tu les as comptés un par un ou les murs t'appellent
Et te recueillent sans rien demander sous l'hirondelle

Ton corps n'a plus d'âge
Car il est en cage
Une prison à un sou
Ton visage se durcit sans bisous

Ta vie s'est enfuie ton corps pleure
Il a faim tu es fatigué dans ces heures
Ton carton parle à ta place
Tu ne sais plus qui tu es devant une glace

Ton nom est personne ton identité
Tu l'as perdue dans le passé
Tu ne sais plus compter les années de galères
A part tes petites pièces qui chantaient hier

Tes vêtements sentent le crottin tu rêves de lin
C'est comme ça que tu te vois sans un pain
Ton visage meurtri raconte ton histoire
Il est lavé par la source alcoolisée sur le trottoir

Tu rêves de douceur mais ton esprit t'en empêche
Tu te lèves de ta demeure pour continuer ton chemin et ses embuches

Amoureusement votre

La vie est un cadeau
Le chemin est sinueux mais beau

Des amours rêveurs en toutes sensualités
Au détour d'un passage tu m'as accosté

Le mysticisme émane de ta personne

Tu viens à mon secours
Et tu joues ton rôle de salvateur au son du tambour

Ton amour résonne comme une scène de liturgie
Tes mots, ta poésie sous ses airs de nostalgie

Me soulage à vaincre mes démons intérieurs
Tu voulais une vie humble ailleurs

La passion et l'exaltation de tes sentiments
A trouvé un cœur tendre et tu m'embrasses amoureusement

La tendresse

Quand vient le moment de la tendresse
Les mots sortent et jaillissent en prouesse

Les heures défilent et le cœur se délecte
La joie exprime son contentement et son dialecte

Ainsi le corps se repose sur un lit de confiance
Des senteurs de camélia ouvrent une belle ambiance

L'amitié sincère bâtie son édifice
Une brick aux couleurs bienfaitrices

Les mains se joignent et applaudissent
Ce sentiment qui se partage et se tisse

La vie nous dit bonjour
Et fut la lumière d'un jour

Ma mère

Ma mère si douce
Amie fidèle pour toujours
Merveilleuse frimousse
Elle panse mes blessures sans discours

Rêverie ou songe sans secousse
Étreinte câline avec amour
Silencieuse à la porte ouverte sur mon séjour

Présente lors de ma frousse
Les bulles s'envolent sous la mousse
Elle aime les chansonniers aux calembours
Elle aussi à sucer son pouce

Le retour de l'amour

Un soir d'hiver un songe se lève
Un matin d'hiver ton départ s'impose
Que reste-t-il de notre amour ?
La foi s'invite dans le cœur lourd

Le printemps signe de caresse de velours
Le bourgeon doré pointa le ciel azur
La patience est reine et te rassure
Les baiser exquis et doux seront glamour

A l'approche de l'été, l'œil divin se prononcera
La passion folle l'emportera
délicieusement
Il sera saisi de vertiges à la vue de ton corps désirable

Le chemin des retrouvailles se dessinera
Le soleil se penchera sur la lune affectueusement
Et lui chuchotera un air inoubliable

Que la lumière illumine leurs deux âmes

Que la chaleur ressuscite leurs corps

Que leurs baisers scellent cet amour éternel

Ainsi soit -il

La nuit étoilée

Voici le temps de notre amour
Un partage à cet instant romantique
Je te conte notre histoire par un bonjour
Tu me dis Beau comme un dieu antique

tu joues de ta flute enchanteresse
ta musique parcourt mon corps perlé de notes cristallines
Un soupir, un son s'empara de notre ivresse
Tu me dis Belle comme une déesse, tu t' accroche à ma poitrine

Le nectar de ta beauté m' ensorcelle
Nos cris s'entendent au-delà des étoiles
mon amour, le voile brillant de ta voie lactée
Glisse sous nos corps épuisés

Ho ma belle, ma belle le jour se lève
à jamais je ne t'oublierais ma femme
Ho mon conteur adoré le temps se fige
Tu resteras à jamais mon soleil, ma douce flamme

Mon bel amour

Ho mon bel lys blanc était-ce un hasard ?
À l'abri des regards
Dans ce royaume aux éclats d'émeraude
Ton parfum suave flâne et me conte tes odes

Ne me quitte pas

La rose et le lys se complètent avec harmonie
Mon amie la lune veille sur notre amour
La promesse de notre rencontre se révèlera au grand jour
Les anges protecteurs chanteront de douces mélodies

Ne me quitte pas

La rose que je suis est épanouie par ta magie
Tes sentiments nobles m'invitent en symphonie ,
A ton monde poétique et majestueux ,
Les portes s'ouvriront au passage de nos cœurs amoureux

Ne me quitte pas

Les tragédies, tristesses et cruelles injures
Ne sont que des mots que la plume
A chasser des pages de notre livre
Le passé reste dans nos mémoires oublions les amertumes

Ne me quitte pas

Laissons place à l'univers qui ne jure
Que par la vérité de nos retrouvailles

Patience et rêverie accompagnent les fiançailles
Et nous embarquent dans le carrousel de l'amour

Viens avec moi

Mon ange que j'admire
Tu arbores un divin sourire
Je t'invite dans mon arène
Amante je deviendrais ta reine

Viens avec moi
Je serais tout à toi
Dans un monde ou n'osent pénétrer
Ni anges ni dieux
Le regard ne sera tenté
Dans le monde des cieux

Mon corps vacille à ton toucher
Tu sèmes tes baisers
Dans mon jardin humide
Je m'abandonne sous tes caresses profondes

Sonne un dernier ultime soupir
Il résonne encore sous ses fleurs angéliques
tu seras mien pour un instant unique
J'ai tant d'amour à t'offrir

Amoureux en peine

Toi, exquis sourire
Un discours émouvant aux doux soupirs
Chuchotement aux creux de mon oreille
Des mots qui me berce et m'accueille

Toi, amoureux en peine
Ne franchis pas les portes de la haine
Un cœur fragile aux blessures inguérissables
Trouveront repos dans un temps agréable

Toi, gentleman et charmeur
Chasse cette peur qui te ronge des heures
Ta douceur, ta tendresse touchent mon âme
Mon cœur ne peut résister à verser une larme

Toi, rêveur au cœur brisé
Ne te juge pas sévère et méprisé
La caresse de la vie
La joie se répandra et te sera servie

Va et oublie ce vieux calvaire
Utilise ton talent dans ton sanctuaire
Tourne les pages et écris le présent
Le bonheur te souris, ta plume le conte en chantant

La plume et l'encrier

L'encrier ouvre sa porte
A la plume et sous son escorte

Elle se glisse délicatement sur le vase
Et plonge délicieusement dans ce nectar qui explose

L'encrier avec sa robe délicate et agréable
Lui souffle de grands mots nobles

La plume ne se prive point
Et prend son envol avec soin

Et de ce trésor elle les couche
Avec finesse et douceur sans tache

Sur une feuille avec passion
Les mots se posent en progression

Se cheminent un passage aventureux
Avec un équilibre harmonieux

Et la phrase se mit à chanter.

L'Amitié

Tu cours où tu marches
Au gré de ton humeur et avec panache
Tu tisses à ton vouloir des liens
Inoubliables et tendres avec les tiens
Fidèle ou d'une courte durée
Tu sais exprimer la loyauté
Envers ceux qui te chérissent
Tu peux être sympathique
Et intime à l'écoute des vieux disques
Tu es synonyme de bonheur
Car tu es pur et franc en ces heures
Mais l'autre visage
Peut-être profiteur ou sauvage
Ta jalousie fait des ravages cruels
Mais tu sais faire la différence
Tu sais tendre la main en assistance
Quand tu nous serres dans tes bras
Tu l'annonces avec un sourire même béat
On te reconnaît car tu nous inondes
De ton doux sentiment affectueux et ta joie profonde

Femmes

Tu es aux bords de crises de nerfs
Alors Tu pleures aux premières galères

Tu t'emballes aux tristes retards
Alors tu t'allumes un long cigare

Tu es belle sous ton simple appareil
Mais tu convoites un bijou en vermeil

Ta jalousie te pousse à comploter dans ton miroir
Mais tu te sens plonger dans le désespoir

Tu es fatale et femme enfant
Alors tu chantes des vieilles mélodies d'antan

Ta vie de femme et mère est respectable
Mais tu préfères celle d'un redoutable notable

Tu admire ta pantoufle de verre
Et tu voles dans les airs en bottes derrière
Un verre

Tu es fier de ton art manipulateur
Et tu gouvernes le pays avec ardeur

Le temps a oublié qui tu es
Et toi le temps tu ne sais plus où il est.

Rupture

Mes mots te manquent dans l'inconnu
Tes phrases me blessent en continus
A cet instant comme un pic à glace
Tu dis que c'est de ma faute sur cette place
Je l'accepte en t abandonnant
Au pied de notre chêne
Ses racines tremblent sous ma haine
Au contact de mon chagrin
Tu regrettes déjà mon départ crétin
Mais le retour est sans appel
Car tu sais que c'est immoral
Les murs de la chambre sont humides
Car tes larmes les inondent
Tu es fatigué et fais peine
Devant mon miroir tu traines
Car il te rappelle
A quel point je suis belle
Tu me cherches et je te fui
Mais ton cœur s'accroche et s'évanoui
Au fil de ma dentelle et tes larmes se glacent
A la vue de ma face
Tes lèvres tremblantes s'animent
Tu es confus et je te trouble dans ta déprime
Alors tu plonges à ton tour dans ce tourbillon de regrets
Quand je m'abandonne à une vie ailleurs loin de tes projets

Les rêves

Liberté tu dénoues mes chaines
Efface ma vie passée et ses rengaines

Sommeil flottant dans un univers surnaturel
Rivière de douceur qui ruisselle

Élevée au ciel porte ouvert sur le paradis
Vêtu d'ailes d'ange comme une comédie

Éveillé dans ce lieu inconnu
Bercé par la chorale de sainteté en continue

Un songe comme un message divin
Déferlements de belles vagues d'images sans fin

Océan de jardins aux parfums délicats
Une et mille étoiles s'illuminent déjà

Dans mon monde Champêtre et féérique
Esprit de lune retient ce moment magique

Un souffle frais ressuscite ma foi
Rêve ou souvenir l'évasion est sans loi

Morphée dieu des rêves reviendra cette nuit
Je tomberai avec plaisir dans ses bras à minuit

Noel

Notes de musiques sur un air de ruine-babines
On enfile perles et grande Etoile de castine

Et le sapin entoure de ses fées
Les demoiselles sont bien coiffées

Elles dansent aux pays du caribou
Ton ambiance nocturne plait aux hiboux

Sous leurs regards, chouettes confiseries et cipailles
A l'honneur la crèche vibrante sur un lit de paille

Père-noël s'agite pour déposer les cadeaux
Impatient l'enfant se délecte de gâteaux

Nouvelle fête de Décembre
Aux senteurs d'ambre

Les lutins aux chapeaux verts se déchainent
Lustrant le beau chariot et chuchotant aux rennes

Un voyage d'une nuit enchantée et magique
Une folle course féerique

Qui émerveille petits et grands enfants
Depuis la nuit des temps

Succès poésie achevé d'imprimer en France
Par AZRI Kari
En Décembre 2016

© 2018, Azri, Kari
Edition : Books on Demand,
12/14 rond-Point des Champs-Elysées, 75008 Paris
Impression : BoD - Books on Demand, Norderstedt, Allemagne
ISBN : 9782322131563
Dépôt légal : septembre 2018